클래식
음악
수업

# 클래식
# 음악
# 수업

classical music

김준희 지음

지적이고 아름다운
삶을 위하여

사람in
saram
in.com

"음악은 인류의 보편적인 언어다."

- 헨리 워즈워스 롱펠로

차례

추천사                                              12

프롤로그                                            14

클래식을 처음 듣는 당신을 위한 Q & A                  16

● 

**Part. 1**
# 클래식에 다가가는 시간

클래식 감상, 어떻게 시작하면 좋을까?                   26

클래식, 어떻게 들으면 좋을까?                         28

악기별로 듣기                                       29

목관악기(관악기) **30** | 금관악기(관악기) **33** | 현악기 **35**
타악기 **39** | 건반악기 **41**

장르별로 듣기                                       43

독주곡 **43** | 실내악곡 **43**
오케스트라곡 **45** | 오페라와 성악곡 **48**

**Part. 2**
# 클래식을 알아가는 시간

**클래식 히스토리**                                    54

고대 54 | 중세 55 | 르네상스 시대 56 | 바로크 시대 56

고전주의 시대 57 | 낭만주의 시대 58 | 현대 59


**알아두면 좋은 작곡가**                                 61

음악의 아버지, 바흐 61 | 교향곡의 아버지, 하이든 64

최고의 천재, 모차르트 66 | 악성, 베토벤 69 | 낭만주의의 시작, 슈베르트 72

피아노의 시인, 쇼팽 75 | 고전적 낭만주의, 브람스 77

러시아 최고의 작곡가, 차이콥스키 80

최후의 러시아 낭만주의자, 라흐마니노프 83

인상주의 음악의 대표 주자, 드뷔시 85

**Part. 3**

# 클래식을 듣는 시간

클래식 앞으로 전진! | 슈트라우스 1세, 〈라데츠키 행진곡〉　　　92

삶을 예술로 | 바흐, 무반주 첼로 모음곡 1번　　　94

나의 아침이 되어주세요 | 하이든, 교향곡 6번 〈아침〉　　　96

그리운 나의 별　　　98
　| 모차르트, 〈'아, 어머니께 말씀드리죠' 주제에 의한 12개의 변주곡〉

말없는 속삭임 | 멘델스존, 〈무언가〉　　　100

가장 지적인 협주곡 | 베토벤, 피아노 협주곡 5번 〈황제〉　　　102

천상의 노래　　　104
　| 모차르트, 오페라 〈피가로의 결혼〉 중 〈편지의 이중창(포근한 산들바람)〉

광활한 대륙을 질주하듯 | 글린카, 오페라 〈루슬란과 류드밀라〉 서곡　106

자연과 우주의 진리? 음악으로 그린 철학?　　　108
　| 슈트라우스, 교향시 〈차라투스트라는 이렇게 말했다〉

질풍노도 | 모차르트, 교향곡 25번　　　110

아카데미아 | 브람스, 〈대학 축전 서곡〉 112

탐욕의 아리아 | 바그너, 오페라 〈발퀴레의 비행〉 114

운명의 수레바퀴 | 오르프, 〈카르미나 부라나〉 116

5백 년 전으로 떠나는 여행 | 던스터블, 모테트 〈당신은 참 아름답다〉 118

마음 울적한 날에 거리를 걸어보고 | 모차르트, 피아노 협주곡 21번 120

거울처럼 맑은 물속에 | 슈베르트, 피아노 5중주 〈송어〉 122

미니멀리즘의 역설 | 글래스, 〈미친 질주〉 124

봄의 달빛 | 쇼팽, 피아노 협주곡 1번 126

봄, 시작 | 베토벤, 피아노와 바이올린을 위한 소나타 5번 〈봄〉 128

뜨거운 사랑의 노래 | 슈만, 연가곡 〈미르테의 꽃〉 130

방랑 | 그리그, 〈페르 귄트 모음곡〉 중 〈아침 정경〉 132

일요일의 음악 | 보로딘, 현악 4중주 2번 134

기교를 뛰어넘는 서사 | 리스트, 〈초절기교 연습곡집〉 136

지극히 인간적인 | 하이든, 트럼펫 협주곡 138

영국 그 자체 | 엘가, 〈위풍당당 행진곡〉 140

핀란드의 영웅 | 시벨리우스, 교향시 〈핀란디아〉 142

지극히 동양적인 플루트 | 윤이상, 플루트 협주곡 144

한여름밤의 무도회 | 쇼팽, 〈강아지 왈츠〉, 〈화려한 왈츠〉                          148

맛있는 클래식                                                           150
| 로시니, 오페라 〈세비야의 이발사〉 중 〈나는 이 거리의 만물박사〉

한계를 뛰어넘는 음악 | 파가니니, 〈24개의 카프리스〉 중 24번              152

미국 음악의 큰형 | 코플런드, 〈보통 사람을 위한 팡파르〉                   154

친근한 품격의 클래식 입문곡 | 생상스, 〈동물의 사육제〉                   156

나의 여름 이야기 | 멘델스존, 서곡 〈고요한 바다와 즐거운 항해〉           158

음악으로 그린 그림 | 드뷔시, 교향시 〈바다〉                            160

조화로운 하루 | 비발디, 〈조화의 영감〉 6번                            162

독보적이고 세련된 정서 | 라흐마니노프, 피아노 협주곡 2번              164

과거의 힘 | 스트라빈스키, 〈풀치넬라〉                                 166

러시아 그 자체 | 차이콥스키, 바이올린 협주곡                         168

브람스를 좋아하세요? | 브람스, 교향곡 3번                            170

나를 찾아 떠난 여행 | 리스트, 〈순례의 해〉                            172

숨 막히는 긴장감 | 라벨, 〈볼레로〉                                   174

커피 한잔 어때요? | 바흐, 〈커피 칸타타〉                              176

매우 느리게, 서정적으로 | 말러, 교향곡 5번                           178

달빛 같은 열정 | 베토벤, 피아노 소나타 14번 〈월광〉     **180**

가을에 떠난 겨울 여행 | 슈베르트, 가곡집 〈겨울 나그네〉     **182**

남겨진 자를 위한 위로 | 브람스, 〈독일 레퀴엠〉     **184**

가구 같은 음악 | 사티, 〈3개의 짐노페디〉     **186**

음악으로 쓴 시 | 쇼팽, 4개의 발라드     **188**

꽃피운 예술혼 | 베토벤, 〈코랄 판타지(합창 환상곡)〉     **190**

아메리카의 체코인 | 드보르자크, 교향곡 〈신세계로부터〉     **192**

최고의 가성비 | 헨델, 오라토리오 〈메시아〉     **194**

집으로 | 바흐, 〈골드베르크 변주곡〉     **196**


에필로그     **198**

　　클래식 음악에 관한 방송과 책은 많다. 하지만 그 음악을 더 깊이 이해하기 위해서는 서양음악의 역사와 이론에 관한 지식이 필요하다. 클래식 음악 애호가라면 자주 들어서 궁금하지만 막상 찾아볼 엄두가 나지 않는 전문용어와 이론적 개념들이 있을 것이다. 이해될 듯 말 듯하지만 제대로 된 설명을 들은 적이 없어 알 수 없는 정보의 파편들.《클래식 음악 수업》은 그 파편들을 하나로 모아 깔끔하게 정리한 둘도 없는 족집게 지침서라 하겠다. 더욱이 주요 명곡들을 해설하며 스케치하는 서양음악사의 큰 그림은 음악 애호가를 넘어 전공자에게도 의미 있는 깨달음을 줄 수 있을 것이다.

-유영욱(피아니스트, 연세대학교 음악대학 교수)

　　청각이 우리에게 언제, 왜 생겨났는지 과학적으로 정확히 알기는 어렵다. 인류는 청각을 단순히 자연 속에서 생존하기 위해서만 사용하지는 않았다. 미국 화가 조지아 오키프Georgia O'Keeffe가 "공간을 아름다운 빛으로 채우기 위해 그림을 그린다"라고 했듯이, 인간은 공간을 아름다운 소리로 채우기 위해 음악을 만들어왔다. 그 가운데서도 클래식은 인류가 창의적으로 노력하며 만들어온 소리 중 제일 순수한 아름다움을 지녔다고 할 수 있다. 《클래식 음악 수업》의 지은이 김준희는 우리를 바로 그 아름다운 소리의 세계로 이끄는 문지기다. 작곡하는 과정, 연주를 통해 소리를 만드는 과정, 그리고 그 안에 새겨진 수많은 사람의 열정과 기쁨에 관한 이야기가 여러분을 기다린다. 고대 그리스 음악가부터 현대의 필립 글래스에 이르는 인물들이 만든 음악의 대기(大氣)에 처음으로 귀를 맡기고 아름다움에 젖고 싶은 여러분을 위한 완벽한 동반자다.

-박주용(문화를 연구하는 물리학자, 카이스트 문화기술대학원 교수)

피아니스트 김준희 교수는 《클래식 음악 수업》에서 음악 한 소절씩을 제시하며 조심스레 클래식의 세계를 권한다. 우리는 마치 와인에 갓 입문한 이가 한 모금씩 마시며 빠져들듯 그 세계에 젖는다. 와인 입문자가 "레드와인과 화이트와인의 차이가 무엇인가요?" 같은 평범한 질문부터 하듯이, 클래식을 접하는 이들은 비슷한 물음을 품기 마련이다. 김준희 교수는 그 질문들에 답하며 엄선한 작품들을 소개한다. 좋은 맛을 나누고 싶은 마음으로 자신의 보석 같은 음악 컬렉션을 아낌없이 공유한다. 그래서 한 장 한 장 음미하며 읽다 보면 어느새 내 입맛에 딱 맞는 음악을 발견하게 된다.

-김정현(MBC 아나운서, 아마추어 피아니스트)

'클래식' 하면 누구나 떠올리는 이미지가 있습니다. 지성, 고급스러움, 세련미 등의 기분 좋은 단어와 지루함, 유물, 노잼 등의 재미없는 단어가 교차합니다. 일상생활에서 쓰이는 클래식이라는 단어를 생각해보면 '고전적'이라는 뜻이 쉽게 떠오릅니다. 사전적 의미가 '모범적인', '최고의', '대표적인' 등으로 다양하지만 그중에서도 '유행을 타지 않는'이란 풀이가 눈에 띕니다.

옥스퍼드 영어사전에서 클래식 음악을 찾아보면 '서양음악 전통으로 쓰여 확립된 형식을 사용하는 음악'으로 매우 딱딱하게 정의했습니다. 이 모든 개념을 떠나서 한 가지 분명한 사실이 있습니다. 클래식 음악은 강한 생명력을 지녔다는 것입니다.

독일어권 지역에는 '클라세klasse!'라는 감탄사가 있습니다. '근사하다', '멋지다'라는 뜻입니다. 더 나아가 '완벽하다'는 뜻도 있습니다. 원래 클래식은 형식이 완벽하고 조화를 이루었다는 뜻입니다. 클래식 음악은 그런 음악입니다. 리듬, 선율, 화성, 형식이 완벽하게 조화된 음악, 시대를 초월하는 영속성을 지닌 음악입니다.

이렇게 이야기하니 또 클래식 음악이 어려워지는 듯합니다. 하지만 조금 다르게 생각해보겠습니다.

학창 시절 제가 가장 좋아한 과목은 독일어였습니다. 2년 남짓한 짧은 기간이었지만 지수, 로그함수와 미적분의 고통에서 벗어나 클래식 음악 본고장의 언어를 배우며 느낀 즐거움은 지루한 고등학교 시절의 단비와도 같았습니다. 이제는 기본적인 단어와 회화만 기억나지만 독일어 문서를 보면 대략 어떤 이야기인지 짐작할 수 있습니다.

중국어는 모르지만 장국영이 부른 영화 〈영웅본색〉 주제곡 〈당년정(當年情)〉은 쉽게 따라 부르고, 발음과 한자로 의미를 유추할 수 있습니다. 일본어 역시 배운 적은 없지만 영화와 드라마 자막을 보면서 자연스럽게 익숙해진 조각조각들로 제이팝J-pop을 즐깁니다.

음악은 언어와도 같습니다. 클래식 음악은 낯선 외국어입니다. 모든 익숙한 것은 '낯선 처음'에서 시작합니다. 하지만 그 낯선 처음에는 아주 작은 '반가움'과 '호기심'이 있습니다. 마음을 건드리는 무언가가 있습니다. 바로 음악의 힘입니다. 전부 이해하지 않아도 아주 작은 반가움과 호기심으로 가까이 다가가면 보고 느끼고 즐길 수 있는 것이 클래식 음악입니다.

클래식의 바다로 여행을 떠나기 전, 낯선 외국어가 주는 그 특별한 느낌에 열정 한 방울을 더해보면 어떨까요.

피아니스트 김준희

**클래식은 제목이 길고 어려운데 꼭 외워야 하나요?**

클래식 음악에 쉽게 접근하기 어려운 이유 중 하나는 작곡가와 작품의 이름이 길고 낯선 외국어이기 때문입니다. 베토벤의 〈월광〉처럼 제목이 간단한 작품도 원어로 모두 표기하면 〈Ludwig van Beethoven, Piano Sonata No. 14 in C# Minor, Op. 27-2〉와 같이 여러 알파벳과 숫자가 등장합니다.

앞부분에는 작곡자의 이름인 루트비히Ludwig, 네덜란드 계통임을 뜻하는 판van, 그리고 성인 베토벤Beethoven을 표기했습니다. 'Piano Sonata No. 14'는 그의 피아노 소나타 중 14번째로 악보집에 수록되었다는 뜻이고, 'C# Minor'는 조성이 C#단조란 의미입니다. 'Op. 27-2'는 작품 번호 27번으로 출판된 두 번째 곡이라는 뜻입니다. 작품 번호를 뜻하는 'Op.'는 Opus의 줄임말로 '오퍼스' 또는 '오푸스'라고 읽습니다.

하지만 전공자들은 이 작품을 연주회 프로그램이나 학술적인 글에 표기할 때를 제외하면 '베토벤 월광', '월광 소나타', '베토벤 14번' 등으로 간단하게 부릅니다. 그래도 의미가 통하니까요.

그러므로 클래식에 입문할 때 작품 이름을 모두 외울 필요는 없습니다. 작품의 숫자와 문자는 곡을 구분하기 위한 도구일 뿐이니까요.

### 시대별 음악을 외우며 감상하면 좋을까요?

꼭 그렇지는 않습니다. 시대별로 외우는 것은 음악을 감상하는 다양한 방법 중 하나일 뿐입니다. 물론 음악에 대한 정보가 많아지면 시대별 음악의 특징에 관한 지식도 자연히 쌓입니다. 일반적으로 클래식 애호가가 자주 감상하는 음악은 고전주의 시대와 낭만주의 시대의 작품이 많은데, 자주 감상하다 보면 굳이 외우지 않더라도 시대별·작곡가별 특징을 자연히 알게 됩니다.

하지만 이론적으로 알고 있더라도 음악을 감상하는 입장에서 이론이 크게 와 닿지 않거나 잘 이해되지 않는 경우도 많습니다. 그땐 그저 마음을 열고 귀를 기울이면 됩니다. 음악 감상에는 정답이 없거든요.

### 음악회에서 박수를 언제 쳐야 할지 잘 모르겠어요.

음악회장은 음악을 즐기러 가는 곳이지 예의를 차리러 가는 곳이 아닙니다. 하지만 연주를 준비한 연주자들을 위해 방해되지 않는 선에서 박수를 보내는 것이 좋겠죠?

연주자가 한 곡을 연주할 때 관객은 박수를 두 번 치게 됩니다. 연주자가 무대에 등장하는 순간, 그리고 연주가 끝나는 순간입니다. 연주자가 무대에 등장하면 연주하는 곳까지 이동하고 준비할 때까지, 즉 의자에 앉을 때까지 박수를 계속 치는 것이 좋습니다. 여러 연주자가 무대에 오를 때는 첫 연주자가 등장한 후 마지막 연주자가 등장하여 연주를 준비하기 직전까지 박수를 계속 쳐주면 큰 응원이 됩니다.

곡이 끝나는 시점을 잘 몰라서 언제 박수 쳐야 할지 고민하는 분은 더 이상 그러지 않으셔도 됩니다. 연주자나 베테랑 관객은 연주가 완전히 끝나지도 않았는데 터져 나오는 이른바 '안다 박수'를 가장 싫어합니다. 마지막 음을 연주한 후 관객과 함께 여운을 느끼고 있는데 박수 소리가 들려오면 연주자로서는 정말 당황스럽습니다.

연주가 끝난 후 박수를 치기 가장 좋은 때는 연주자가 관객에게 고개 숙이며 인사할 때입니다.


### 프로 음악가는 처음 듣는 곡의 제목도 맞힐 수 있나요?

어려운 질문입니다. 클래식 작품은 셀 수 없이 많으니, 처음 듣는 곡의 제목을 맞힐 수는 없겠죠. 하지만 클래식 음악 전공자라면 처음 듣는 곡이 어느 악기를 위해 작곡되었고 어느 시대의 작품인지 어렵지 않게 파악할 수 있습니다. 나아가 때로는 음악적 특징을 분석하고 작곡가를 유추할 수도 있습니다. 제목만 알고 미처 들어보지 못한 음악을 이런 추론을 통해 연결시켜 맞히는 경우도 종종 있습니다. 그럴 때면 심오한 클래식 세계의 바다를 순항하고 있다는 기분이 듭니다.


### 음악회 프로그램은 꼭 읽어야 하나요? 어떻게 읽으면 좋을지 모르겠어요.

음악을 즐길 때 간단한 정보라도 있으면 좋은 것처럼 클래식 음악회에 가기 전에 프로그램을 읽어보는 것이 좋습니다. 영화관에서 영화를 보기 전에 감독이나 주연 배우에 관한 정보와 시놉시스 정도는 파악하는 것이 감상을 위해 좋은 것처럼 말이죠. 음악회 프로그램에는 연주자와 연주 곡목에 관한 정보가 나와 있습니다. 또 프로그램 노트는 곡목을 자세히 해설하기 때문에 감상하는 데 길잡이가 됩니다.

음악회 프로그램은 해당 공연장의 웹사이트에서 볼 수 있고, 연주곡은 유튜브에서 쉽게 검색할 수도 있습니다. 그러므로 음악회에 가기 전에 한번쯤 들어보는 것이 좋습니다. 시간이 없어서 음악을 미리 듣지 못했다면 프로그램 노트를 꼼꼼하게 읽어도 많은 도움이 됩니다. 독주회나 소규모 실내악 연주회에서는 연주자가 직접 프로그램 노트를 작성하는 경우가 많아지고 있습니다. 연주자가 연주를 통해 관객과 소통하기 위해 미리 편지를 보냈다고 생각하면 좋을 것 같습니다.

음악회의 총연주 시간은 대부분 1백 분을 넘지 않습니다. 오케스트라의 경우 첫 곡은 10~15분 정도의 서곡을 많이 연주합니다. 두 번째 곡으로는 음악회의 주인공이라고 할 수 있는 협주곡을 연주하죠. 짧으면 20분, 길면 40분 정도입니다. 그리고 15분 정도의 중간 휴식 이후 30~40분 정도의 교향곡을 연주합니다. 그러면 대략 음악회가 끝나는 시간을 짐작할 수 있겠죠?

### 피아니스트는 왜 악보를 보지 않고 연주하나요?

"그렇게 긴 곡을 어떻게 다 외우셨어요?" 제가 독주회를 마치면 가장 많이 받는 질문입니다.

독주곡 악보를 외워 연주하는 것은 피아니스트에게는 당연한 일입니다. 왜냐하면 어릴 때부터 그렇게 해왔기 때문입니다. 짧으면 3

분 정도부터 길면 30분이 넘는 대곡까지 한 손도 아닌 두 손으로 연주하는 피아노 곡을 외우는 것은 참으로 대단한 일이지만, 연주자 대부분은 연습을 통해 그리 어렵지 않게 해냅니다.

사실 악보를 외우지 않으면 몰입해서 연주하기가 무척 어렵습니다. 연주자로서는 악보에서 완전히 자유로운 상태에서 연주하는 것이 훨씬 편합니다. 그래서 1시간이 넘는 독주회 프로그램을 외우는 일은 피아니스트에게는 '일상다반사'입니다.

원래 낭만주의 시대 이전까지는 피아노 연주자들이 악보를 지참했습니다. 당시에는 모차르트나 베토벤처럼 피아니스트가 작곡가이기도 했고, 연주회를 위해 작품을 위촉받는 경우가 많았기 때문에 연주를 준비하는 시간이 짧았습니다. 그래서 음악회의 완성도를 위해서는 반드시 악보를 보며 연주할 필요가 있었습니다. 하지만 19세기에 들어 쇼팽과 리스트처럼 기교를 자랑하는 이른바 비르투오소 virtuoso 피아니스트들이 등장하여 연주력을 뽐냈습니다. 특히 자신의 암기력을 자랑하고 싶어 했던 리스트는 1840년 런던에서 최초의 피아노 독주회piano recital를 개최하고 모든 곡을 암보로 연주했습니다. 그래서 이후 피아니스트들이 독주곡을 악보 없이 연주하는 관습이 생겼습니다. 이게 다 리스트 때문입니다!

**소나타와 소나타 형식은 같은가요?**

소나타와 소나타 형식은 구분할 필요가 있습니다. 소나타는 칸타타와 반대되는 말로 '악기로 연주하는 음악'을 뜻합니다. 즉, 소나타는 3악장이나 4악장 등의 여러 악장으로 구성된 기악곡을 말합니다. 악기의 종류에 따라 바이올린 소나타, 피아노 소나타 등으로 부르는 데, 오케스트라를 위한 소나타가 교향곡이라고 생각하면 쉽습니다.

소나타의 1악장은 소나타 형식, 2악장은 가요 형식, 3악장은 미뉴에트 트리오 형식, 4악장은 론도(혹은 론도 소나타) 형식으로 구성됩니다.

소나타 형식은 큰 규모로 기악곡을 구성하는 하나의 형식을 말합니다. 교향곡, 현악 4중주, 소나타 등의 1악장에 쓰이는 이 형식은 기본적으로 제시부, 전개부, 재현부로 이루어집니다. 제시부는 주제를 제시하는 부분이고, 이후 주제를 여러 가지로 변화, 발전시키는 전개부, 그리고 제시부를 반복하는 재현부가 차례로 나옵니다.

제시부에서는 2개의 주제, 즉 1주제와 2주제가 등장하여 서로 대조를 이루며 전개됩니다. 전개부에서는 새로운 주제가 나오거나 1주제 혹은 2주제의 단편이 복잡하게 얽히며 발전합니다.


**뛰어난 음악가는 모두 절대음감이 있나요?**

그렇지는 않습니다. 바그너는 심한 상대음감의 소유자였다고 합니다. 라벨과 슈만도 절대음감이 아니었습니다. 절대음감은 어떤 음을 듣고 그 음의 높이를 정확히 판별해내는 능력입니다. 상대음감은 어떤 음을 들었을 때 다른 음과 비교해야만 음높이를 알아맞힐 수 있는 능력입니다.

"나는 절대음감이야"라고 말하는 사람 중 대부분은 상대적 절대음감인 경우가 많습니다. 상대적 절대음감은 피아노나 특정 악기의 음만 정확히 판단할 뿐 익숙하지 않은 악기 소리나 전자음 등은 제대로 판단하기 어렵습니다. 절대음감은 4~5세를 기점으로 결정된다고 합니다. 절대음감이 있으면 음악가로서 유리하지만 필수 불가결한 요소는 아닙니다. 즉, 절대음감은 음악적 재능의 요소 중 하나일 뿐입니다.


### 같은 곡도 연주자에 따라 다르게 들리는 이유는 무엇인가요?

모든 음악은 한 시대의 표현이고 산물입니다. 우리는 '현재'를 살아가고 있죠. 우리가 공유하는 미적 경험과 기준은 현재에 맞춰져 있습니다. 그래서 과거의 음악을 해석하는 데 한계가 있습니다. 작곡가가 살았던 시대를 살펴보고 작품이 탄생한 배경을 알기 위해 꼼꼼히 조사해도 그 정서와 미적 감각을 온전히 이해하기는 어렵습니다. 거의 불가능하다고 봐야겠지요.

작곡가가 악보에 기록한 음표들을 실제 음으로 변환할 때, 즉 연주자가 손으로 음표들을 음향화할 때마다 곡의 느낌이 달라지는 것은 당연한 일입니다. 같은 사람이 연주해도 때에 따라 달라지는데, 각각의 연주자가 구현하는 소리는 백인백색이겠지요. 악보는 작곡가의 생각도, 연주자의 생각도 1백 퍼센트 담지 못합니다. 연주자가 자신만의 독창적인 방식으로 완성하는 음악은 악보에 들어 있지 않으니까요.

그래서 어떤 연주자는 곡의 주제를 더 열정적으로 연주하는 반면, 다른 연주자는 차분한 템포를 통해 절제된 모습을 보여줍니다. 또 다른 연주자는 조금 가벼운 톤으로 템포를 당겨 연주하고, 어떤 연주자는 서정적으로 연주합니다.

음악에 대한 해석은 연주자의 문화적 배경에서부터 시작됩니다. 그리고 그 문화를 구성하는 요소는 개인의 경험과 가치관 등에 따라 다릅니다. 그래서 음악은 늘 새롭습니다.

## 음악에는 치유 기능이 있나요?

고대 그리스 철학자들은 음악이 인간의 영혼에 긍정적인 영향을 미친다고 생각했습니다. 중세인들은 종교, 의학, 음악에 밀접한 관련이 있다고 믿었습니다.

20세기에 접어든 1920년대에 인지학자 루돌프 슈타이너는 음악의 역할 중 하나는 치유라고 주장했습니다. 1945년 이후부터는 음악 치료가 의학, 심리학, 음악학, 치료교육학의 한 영역을 담당하기 시작했습니다. 1972년에는 미국에 이어 독일에 음악치료협회가 설립되는 등 독자적인 분야가 되었습니다. 음악 치료의 범위는 심리 치료, 긴장 완화, 창조적 음악 활동 등으로 다양합니다.

이런 예를 들지 않더라도 음악으로 위로받거나 정서적 안정을 찾은 경험이 한 번이라도 있다면 음악의 조화롭고 긍정적인 힘을 의심하지는 않을 것 같습니다. 의학적 치료나 치유의 힘과는 조금 결이 다르지만 음악은 마음에 큰 울림을 주는 긍정적인 기능이 분명 있는 듯합니다.

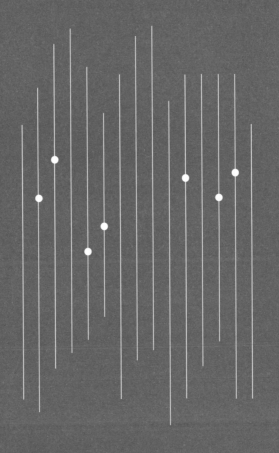

## Part. 1

# 클래식에 다가가는 시간

# 클래식 감상,
# 어떻게
# 시작하면
# 좋을까?

주위를 둘러보면 클래식 음악을 깊이 알고 싶어 하는 분이 의외로 많습니다. 하지만 대부분은 어떻게 감상을 시작해야 할지 모릅니다. 초보 감상자는 아직 잘 모르는 것이 당연한데도 불구하고 '내가 클래식 음악에 대해 아는 것이 없구나'라고 생각합니다. 처음엔 '아무것도 모를 수' 있는데도 걱정부터 할 때가 많습니다. 이야기 나누어 보면 클래식에 대해 잘 모르는 분도 있지만 어떤 분은 사전 지식이 생각보다 많아서 꽤 놀라곤 합니다.

클래식에 입문하고 싶어 하는 이유도 '어떤 음악을 들었는데 멜로디가 너무 좋고 감동적이어서', '어쩌다 보니 유튜브를 자주 접했는데 이런저런 곡을 반복하며 들어서', '한가한 시간을 채울 취미로 클래식을 감상하고 싶어서', '지성인으로서 교양을 자랑하고 싶어서' 등으로 다양합니다. 이처럼 이유는 각각 다르지만, 모두 '클래식은 어렵다던데 과연 내가…'라고 생각합니다. '내가 잘 몰라서 자존심 상하는 일이 생기지는 않을까'라는 염려와 함께요.

이분들께 강조하고 싶은 것은 클래식 음악은 처음부터 '학습하는' 것이 아니라는 것입니다. 클래식 음악은 그저 음악일 뿐이기 때문이죠. 일단 듣고 좋은 것, 아름다운 것을 우선시해야 한다는 뜻입니다. 물론 클래식 음악을 학문적으로 보면 무척 방대하기 때문에 '공부'하는 데 많은 시간과 노력이 필요하지만, 그 단계는 일단 클래식 음악과 '친해진' 다음의 일입니다.

언어는 '말하기'가 먼저인데 그 사실을 망각하고 문법과 작문부터 시작하는 영어 학습자나, 실내 연습장에서 퍼팅을 연습하지 않고 바로 필드로 뛰어 나가는 골프 입문자가 떠오릅니다.

그래서 저는 일단 음악을 '들어보라'고 권합니다. 많이 들어보라고, 먼저 귀에 익숙해지면 그다음 단계로 넘어가보라고 말합니다. 그럼 초보자들은 '어떤 음악을 들으면 좋을까요?'라고 되묻습니다. 이전에는 'KBS FM 93.1을 들으세요'나 '유튜브로 검색해서 감상하세요'라고 답했습니다.

하지만 이제는? 이렇게 말씀드리겠습니다. "이 책에 나와 있는 대로 따라가세요."

# 클래식,
# 어떻게
# 들으면
# 좋을까?

앞에서 클래식 음악을 이해하는 가장 좋은 방법은 '익숙해지는 것'이라고 했습니다. 익숙해진다는 것은 무슨 뜻일까요? 가요나 팝 음악을 생각하면 쉽게 이해할 수 있습니다. 우리는 대중가요의 주요 멜로디나 특정 부분을 쉽게 흥얼거릴 수 있습니다. 배경음악처럼 무의식적으로 반복해서 들었기 때문이죠. 그럼 무조건 반복해서 들으면 익숙해질까요? 대중가요는 어떻게 쉽게 흥얼거릴 수 있을까요? 들으면서 깊게 생각하지 않아도 구조를 쉽게 파악할 수 있기 때문입니다.

그럼 음악의 구조를 어떻게 파악할까요? 우선 구조를 파악하기 전에 곡의 '형태'를 파악하는 것이 좋습니다. 즉, 지금 듣는 곡이 어떤 악기로 연주되는지, 어떤 종류의 음악인지 파악해보는 것이 좋습니다. 따라서 클래식 음악에 사용되는 악기와 장르를 먼저 알아볼 필요가 있습니다. 다양한 악기와 장르를 먼저 살펴보고 음악을 감상하며 형태와 구조를 파악하면 많은 도움이 됩니다.

## ⍥ 악기별로 듣기

클래식 음악에서는 악기들이 조화를 이루며 만들어낸 음색이 큰 영향을 줍니다. 작곡가는 이상적인 음색을 작품에 나타내기 위해 많이 고민하며 악기를 선택하고 편성합니다. 오케스트라 음악을 작곡할 때 특히 그렇습니다. 그런데 클래식 음악은 매우 특별한 악기를 사용할까요? 그렇지 않습니다. 일부 현대음악이 전자악기나 동양 악기를 사용하는 경우를 제외하면 일반적인 '서양 악기'를 사용합니다. 오케스트라에서 사용하는 악기 대부분을 독주곡이나 실내악에서도 그대로 사용합니다.

가장 쉽게 만날 수 있는 악기는 피아노와 바이올린입니다. 피아노는 대표적인 독주(솔로) 악기입니다. 건반악기이기도 하고, 현에서 소리가 나기 때문에 현악기적 특성도 있습니다. 또한 건반을 두드려 연주하기 때문에 타악기적 특성도 함께 지니고 있습니다. 피아노는 바이올린이나 다른 악기의 독주에서 반주를 담당하기도 합니다.

바이올린은 독주 악기면서도 오케스트라에서 가장 많은 인원이 연주하는 악기입니다. 오케스트라를 '관현악'이라고 부르는 데서 알 수 있듯이 오케스트라는 '관악기'와 '현악기'에 '타악기'를 추가하여 구성합니다.

관악기는 연주자가 불어 넣는 공기가 관을 통과할 때 발생하는 진동에 의해 소리가 납니다. 관악기는 재료에 따라 금관악기와 목관악기로 분류됩니다. 현재 플루트, 피콜로, 클라리넷 등은 금속 소재를 사용하고 있지만 초기의 소재에 따라 목관악기로 분류합니다. 색소폰은 금속 재료를 사용하지만 구조와 연주 기법이 클라리넷과 유사하여 목관악기군에 포함됩니다.

현악기는 현을 진동시켜 연주하는 악기로 바이올린, 첼로 등이 해당합니다. 그중 활로 마찰시켜 소리 내는 현악기를 찰현악기라고 합니다. 오케스트라에 포함되는 경우가 드문 기타와 만돌린은 손으로 현을 튕겨 연주하므로 발현악기군에 포함됩니다.

타악기는 두드려 소리 내는 모든 악기를 뜻합니다. 팀파니를 비롯하여 각종 북, 심벌즈, 마림바, 트라이앵글 등이 있습니다. 타악기는 음정이 있는 것과 없는 것으로 나뉩니다.

## 목관악기(관악기)

### ❥ 플루트와 피콜로

대부분의 관악기는 얇은 나무로 만든 리드reed를 몸통에 연결하고 리드를 진동시켜 소리를 만들어냅니다. 여러 관악기 중 가장 오래된 것은 플루트입니다. 고대 그리스 신화나 동굴벽화에서 원형을 찾을 수 있을 정도입니다. 다른 관악기와 달리 리드를 사용하지 않는 플루트는 입술을 대고 공기를 불어 넣으며 진동시켜 소리를 냅니다.

플루트와 비슷하면서 가장 화려한 소리를 자랑하는 악기는 피콜로입니다. 오케스트라에서 가장 높은 음역을 담당하는 '피콜로piccolo'는 이탈리아어로 '작다'는 뜻입니다. 소리가 날카롭고 화려하기 때문에 규모가 큰 오케스트라에서도 반짝이는 음색을 자랑합니다. 오케스트라에 따라 플루트 연주자가 피콜로를 함께 연주하기도 합니다.

플루트 소리 감상하기

조르주 비제, 〈아를의 여인〉 중 미뉴에트

---

피콜로 소리 감상하기

존 필립 수자, 〈성조기여 영원하라〉

---

## ♪ 오보에

오보에는 '높다'라는 뜻의 프랑스어 오haut와 '나무'를 뜻하는 부아bois가 결합한 말입니다. 즉, 높은 소리를 내는 나무 악기라는 뜻이죠. 악기 윗부분에 2겹의 리드를 꽂아 소리 내기 때문에 '겹리드 악기'라고도 합니다. 오보에는 섬세하고 예민한 겹리드가 진동하여 음색이 밝고 전달력이 뛰어납니다. 오보에는 오케스트라의 조율을 담당합니다. 즉, 오보에의 A음에 맞추어 다른 모든 오케스트라 악기의 음정을 맞춥니다. 그 이유는 온도나 습도, 환경이 변해도 다른 악기들보다 음높이가 좀처럼 변하지 않고, 멀리서도 음색이 또렷하게 잘 들리기 때문입니다.

---

오보에 소리 감상하기

엔니오 모리코네, 〈가브리엘의 오보에〉

(영화 〈미션〉 사운드트랙)

## ♪ 클라리넷

클라리넷의 매력은 다른 악기에서는 찾기 어려운 중저음의 탁월함에 있습니다. 클래식 음악뿐 아니라 재즈, 블루스 등에도 널리 사용되는 클라리넷은 다른 관악기들보다 역사가 짧지만 독특한 음색 덕분에 대중적 인기가 많습니다. 소리가 밝고 깨끗하여 목관악기 중 가장 변화무쌍한 표현력을 자랑합니다. 오보에와 달리 한 겹의 리드를 통해 소리 내기 때문에 '홑리드 악기'에 속합니다. 클라리넷 중 가장 많이 연주되는 종류는 B♭클라리넷으로, 악보에 표기된 음보다 장2도 낮은 소리가 나는 '이조악기'입니다.

클라리넷 소리 감상하기
볼프강 아마데우스 모차르트, 클라리넷 협주곡 2악장

## ♪ 바순

바순은 목관악기 중 가장 낮은 저음을 담당하며 크기가 가장 큽니다. 오보에나 클라리넷은 원통형 몸통의 아래쪽으로 소리가 나는데, 바순은 소리 나는 벨 부분이 위를 향합니다. 소리가 깊고 낮으며 울림이 있는 바순은 매우 크고 무겁습니다. 또 겹리드를 통해 소리 내기 때문에 섬세한 연주력이 필요합니다.

바순 소리 감상하기
카를 마리아 폰 베버, 바순 협주곡

# 금관악기(관악기)

## 🎺 트럼펫

트럼펫의 기원은 먼 옛날 사람들이 신호를 전달하기 위해 사용한 동물의 뿔이나 소라 껍데기 등으로 볼 수 있습니다. 악기로서의 트럼펫의 원형은 왕의 등장이나 행사 시작을 알리는 신호, 팡파르를 담당한 나팔에서 찾을 수 있습니다. 트럼펫은 활기차고 강한 음색과 더불어 멀리까지 퍼지는 소리 덕분에 권력의 상징처럼 사용되기도 했습니다.

19세기 중반 밸브가 도입되고 피스톤 형태의 트럼펫이 공존하는 시기를 거친 트럼펫은 오케스트라의 규모가 확대되던 19세기 후반부터 인기를 끌었습니다. 현재는 3개의 피스톤 밸브로 민첩하고 화려한 소리를 자랑하며 금관악기의 대장 역할을 맡고 있습니다.

---

트럼펫 소리 감상하기

세틸 비에르스트란, 〈팡파르〉

---

## 🎺 트롬본

트롬본은 긴 슬라이드를 통해 관의 길이를 조절하면서 다양한 소리를 냅니다. 금관악기 중 가장 음량이 크며, 예로부터 종교 음악 연주에 많이 사용되었습니다. 19세기 들어 오케스트라에

도입되었는데, 루트비히 판 베토벤이 교향곡 5번, 8번, 9번 등에 사용한 이후 오케스트라에서 트롬본의 자리가 굳어졌습니다. 트롬본의 장점은 슬라이드를 이용한 '글리산도(음정과 음정 사이를 미끄러지듯 연주하는 기법)'로 재미있고 다채롭게 표현할 수 있다는 것입니다.

---

트롬본 소리 감상하기
모리스 라벨, 〈볼레로〉

---

## ♪ 호른

금관악기 중 소리가 가장 따뜻하고 부드러운 호른은 관현악, 실내악, 솔로 작품 등에서 모든 악기의 소리와 조화를 이룰 수 있습니다. 하지만 금관악기 중 마우스피스가 가장 작기 때문에 연주하기가 까다롭습니다.

오케스트라에서 호른 연주자의 수는 다른 관악기의 2배입니다. 각각의 관악기 주자가 2명인 2관 편성의 경우 호른 연주자는 4명으로 편성됩니다. 호른이 모든 음역대에서 풍부한 소리를 낼 수 있지만 연주하기가 매우 까다로워서 여러 연주자가 필요하기 때문입니다.

---

호른 소리 감상하기
표트르 일리치 차이콥스키, 교향곡 5번 2악장

---

## 튜바

튜바는 관악기 중 가장 젊은 악기입니다. 오케스트라에서 가장 낮은 음을 담당하도록 하기 위해 비교적 늦게 발명되었기 때문입니다. 19세기 중반 이후 낭만주의 시대에 오케스트라 음악의 규모가 커지면서 풍성한 저음이 필요해진 결과였습니다.

역사가 짧지만 튜바의 소리는 매우 독특해서 한번 들으면 잊히지 않습니다. 덩치가 크지만 구조는 호른과 유사하고, 음색은 날카롭거나 강렬하지 않고 부드럽습니다. 20세기의 많은 작곡가가 튜바를 위한 독주곡을 작곡했습니다.

---

튜바 소리 감상하기

제임스 반스, 교향곡 3번 1악장

---

## 현악기

## 바이올린

바이올린, 비올라, 첼로, 더블베이스와 같은 현악기를 바이올린violin족이라고 합니다. 모두 현이 4개고, 몸통 앞판에 f자 모양의 울림 구멍이 있습니다. 바이올린족 악기는 형태가 비슷하지만, 몸통이 클수록 음역이 낮습니다. 모두 활로 현을 그어 소리 내기 때문에 찰현악기라고 합니다. 바이올린은 가장 높은 음역을 내는 악기로 오케스트라에서 가장 많은 인원이 연주합니다. 바이올린의 조현은 G음을 기준으로 완전 5도 음정이며, 활에는 말의 꼬리털로 된 활 털이 연결되어 있습니다. 음색이 변화무쌍한 바이올린은 오늘날 가장 인기 있고 대중적인 악기입니다.

바이올린 소리 감상하기
요한 제바스티안 바흐, 무반주 바이올린 파르티타 중 프렐류드

## ♪ 비올라

바이올린과 형태가 비슷하지만 약간 더 크고 몸통도 두껍습니다. 바이올린보다 음역이 낮으며 둥글고 깊은 소리를 내는 비올라는 오케스트라곡이나 실내악곡에서 중간음을 담당합니다. 바이올린에 가려 주목받지 못한다는 편견이 있지만 현악 합주와 오케스트라에서 없어서는 안 될 정도로 중요합니다. 비올라 소리를 처음 들으면 음색이 바이올린의 저음이나 첼로의 고음과 비슷하지만, 반복해서 들으면 고유의 매력적인 음색을 느낄 수 있습니다.

비올라 소리 감상하기
하인리히 비버, 비올라를 위한 파사칼리아

## ♪ 첼로

첼로의 정식 명칭은 비올론첼로violoncello입니다. 현악기에서 중저음역을 담당하며 악보도 낮은음자리표를 기준으로 기보하지만, 음역이 높아지면 가온음자리표나 높은음자리표까지도 사용합니다. 바이올린의 소리가 강렬한 데 비해 첼로는 우아하고 포용적인 음을 냅니다. 그래서 흔히 '사람의 목소리'와 가장 닮은 소리를 내는 현악기라고 묘사됩니다. 첼로는 몸통에 엔드핀end-pin이라는 받침대가 있기 때문에 다른 현악기와 달리 의자에 앉아서 연주해야 합니다. 연주할 때 인간의 심장 위치와 가장 가까워지기 때문에 가장 인간적인 악기라고도 불립니다. 현의 구성이 비올라와 같지만 1옥타브 아래의 소리를 내며, 오케스트라에서 안정적인 베이스 역할을 맡습니다. 따뜻하고 안정적인 면과 웅장한 면을 동시에 갖추었기 때문에 바이올린과 더불어 많은 사랑을 받고 있습니다.

---

첼로 소리 감상하기

카미유 생상스, 〈동물의 사육제〉 중 〈백조〉

---

## ♪ 더블베이스

가장 큰 바이올린족 악기로, 콘트라베이스 혹은 줄여서 베이스Bass라고 부르기도 합니다. 오케스트라와 실내악에서 가장 낮은 음을 담당하며, 다른 바이올린족 악기와 달리 완전 4도 간격으로 조율합니다. 총길이는 2미터, 무게는 약 20킬로그램으로 오케스트라에 쓰이는 현악기 중 가장 큽니다. 이러한 크기 때문에 독주 무대에서는 연주자가 서서 연주하고, 오케스트라에서는 높은 의자에 걸터앉아 연주하기도 합니다.

더블베이스 소리 감상하기
이고르 스트라빈스키, 〈풀치넬라〉

## ♪ 하프

'신들의 악기'라는 별명처럼 소리가 우아하고 아름다운 하프는 손으로 현을 튕겨서(뜯어서) 연주하기 때문에 '발현악기'에 속합니다. 46~47개의 현으로 6옥타브 반이라는 꽤 넓은 음역을 소화하는 하프는 7개의 페달로 반음을 조절하며 연주합니다. 새끼손가락을 제외한 양손의 여덟 손가락으로 현을 튕기며 펼침화음을 연주합니다. 또 현을 차례로 훑어 올리며 글리산도로 연주할 수도 있습니다.

하프 소리 감상하기
클로드 드뷔시, 〈베르가마스크 모음곡〉 중 〈달빛〉

## ♪ 기타

기본적으로 6줄로 구성된 발현악기로 기타족에 속합니다. 오케스트라에 포함되지는 않지만 널리 알려져 있으며 팝과 클래식을 넘나드는 다양한 연주법을 자랑합니다. 특히 스페인 기타리스트 안드레스 세고비아가 클래식 기타의 새로운 역사를 탄생시켰다고 해도 과언이 아닙니다. 그는 바흐, 장필리프 라모, 드뷔시의 작품 등을 편곡하여 기타의 레퍼토리를 늘렸고, 고령에도 무대에 서며 20세기 클래식 기타계의 초석을 닦았습니다.

기타 소리 감상하기

엔리케 그라나도스, 〈스페인 춤곡〉

## 타악기

### ♪ 팀파니

가장 원시적인 타악기의 전형을 느낄 수 있는 팀파니는 오케스트라에서 빠질 수 없는 악기입니다. 팀파니 연주자는 음높이가 모두 다른 4~5개의 팀파니를 연주합니다. 20세기에 페달을 밟아 음정을 바꿀 수 있는 팀파니가 개발되었고, 온도와 습도에 민감하여 음정이 자주 변하는 천연 가죽막이 플라스틱막으로 대체되었습니다.

팀파니 소리 감상하기

톰 프리어, 스케르초

## ♪ 마림바

마림바라는 이름은 아프리카 지역 반투족의 언어에서 유래했습니다. '많다'는 뜻의 마ma와 '하나의 건반'이라는 뜻의 림바rimba가 결합한 말입니다. 음정이 있는 타악기 중 음역대가 가장 넓은 마림바는 낮은음자리표의 C부터 시작하여 4옥타브 정도의 음역을 표현합니다. 말렛mallet이라는 채를 양손에 쥐고 나무 건반을 때려 연주합니다. 때로는 한 손에 2개 이상의 말렛을 쥐고 연주하기도 합니다. 타악기 전공자가 반드시 익혀야 하는 악기로 둥글둥글하고 부드러운 음색이 매력적입니다.

마림바 소리 감상하기

바흐, 첼로 모음곡 5번

## ♪ 심벌즈

일정한 음정이 없는 무율타악기로, 대부분 2개의 얇은 금속 원반을 비스듬히 맞부딪쳐 연주합니다. 2회 이상 빠른 박자로 연주할 때는 원반을 맞잡고 비비는 스위시swish 주법으로 연주하기도 하며, 때로는 채로 쳐서 소리를 냅니다. 공명이 남도록 하기 위해 연주 후 양팔을 벌리거나 머리 위로 들어 올리고, 반대로 울려 퍼지는 잔여음을 막기 위해 연주 후 바로 몸에 갖다 대기도 합니다. 오케스트라 작품 중 매우 제한적으로 등장하지만, 연주하는 타이밍을 맞추기가 까다롭습니다.

오케스트라에서 쓰이는 타악기에는 스네어 드럼을 포함한 여러 종류의 북과 20세기부터 사용된 우드블록, 탐탐 등의 목재 악기, 그리고 징과 같은 형태의 공, 캐스터네츠와 트라이앵글 등이 있습니다. 마림바와 심벌즈는 독주 악기로도 자주 연주됩니다.


## 건반악기


### ♪ 피아노

특별한 설명이 필요 없을 정도로 가장 유명하고 대중적인 악기입니다. 모두 88개인 건반을 누르면 연결되어 있는 해머가 각 현을 때려 소리 내는 건반악기로 현악기와 타악기의 특성을 고루 갖추고 있습니다.

오늘날의 피아노는 18세기 초 이탈리아의 바르톨로메오 크리스토포리(1655~1731)가 고안했습니다. 피아노의 정식 명칭은 피아노포르테pianoforte로, 작은 소리 피아노piano와 큰소리 포르테forte를 모두 낼 수 있는 악기라는 뜻입니다. 이러한 이름이 붙은 이유는 피아노 이전의 건반악기는 플럭트럼이 현을 튕겨 소리 내므로 크고 강한 음을 만들기 어렵고 강약을 조절하기도 힘들었기 때문입니다. 피아노는 독주와 실내악에서도 훌륭한 역할을 할 수 있어서 클래식 음악뿐 아니라 재즈, 팝 등 장르를 가리지 않고 연주되고 있습니다.

피아노 소리 감상하기
프레데리크 프랑수아 쇼팽, 에튀드, Op. 10-1

## 오르간

악기 중 가장 커서 '악기의 제왕'이라는 별칭이 있는 오르간은 하나의 건축물과도 같습니다. 실제로 오르간을 제작하는 사람을 빌더builder라고 부릅니다. 파이프오르간은 건반악기면서도 파이프나 리드를 진동시키는 관악기적 특성도 지니고 있습니다. 중세의 다성음악을 가리키는 오르가눔organum에서 어원을 찾을 수 있는 오르간은 다양한 성부를 표현할 수 있는 3~5개의 건반과 페달건반으로 이루어져 있습니다. 연주자는 콘솔에 앉아 손뿐 아니라 발도 민첩하게 움직이고 스톱 장치를 잘 조절해야 하므로 고도의 연주력이 필요합니다. 우리나라의 경우 몇몇 교회와 성당, 그리고 세종문화회관과 롯데콘서트홀, 영산아트홀 등이 대형 오르간을 보유하고 있습니다.

오르간 소리 감상하기
바흐, 토카타와 푸가 D단조

## ⟨ 장르별로 듣기

### 독주곡

독주곡solo work은 하나의 악기를 위해 만들어진 작품으로, 피아노 소나타, 바이올린 소나타, 모음곡, 소품 등 다양한 장르가 포함됩니다. 피아노 외의 악기는 대부분 피아노 반주와 함께 연주하며, '무반주 독주곡'은 특별히 피아노 반주 없이 연주합니다.

베토벤의 피아노 소나타 〈월광〉, 니콜로 파가니니의 〈24개의 카프리스〉, 바흐의 무반주 첼로 모음곡, 세자르 프랑크의 바이올린과 피아노를 위한 소나타 등이 잘 알려진 독주곡입니다.

### 실내악곡

실내악곡chamber music은 10명 이내의 적은 인원이 연주하는 소규모 기악 합주곡을 통칭합니다. 지휘자 없이 연주하지만 각각의 그룹에 리더가 있는 경우가 많습니다. 2명 이상이 연주하면 실내악이라고 하는데, 2중주는 피아노와 다른 독주 악기가 연주할 때 피아노가 반주하므로 독주곡이라고 보는 것이 옳습니다.

체임버chamber가 '방'이라는 의미인 것에서 알 수 있듯이 실내악곡은 예로부터 궁정이나 귀족의 응접실 또는 소규모 연회장에서 연주되었습니다. 실내악은 바로크 시대부터 시작된 후 하이든과 모차르트를 통해 발전했고 이후 클래식 음악의 주요 장르 중 하나가 되었습니다.

실내악곡은 2대의 피아노로 연주하는 2중주, 바이올린과 첼로 혹은 플루트와 하프 등의 2중주 등으로 다양합니다. 3중주 이상의 주요 실내악은 다음과 같이 구성됩니다.

### 3중주 trio

피아노 3중주: 피아노·바이올린·첼로

현악 3중주: 바이올린·비올라·첼로

목관 3중주: 플루트·오보에(또는 클라리넷)·바순

호른 3중주: 호른·바이올린·피아노

### 4중주 quartet

현악 4중주: 제1바이올린·제2바이올린·비올라·첼로

목관 4중주: 플루트·오보에·클라리넷·바순

금관 4중주: 트럼펫·트롬본·호른·튜바

피아노 4중주: 피아노·바이올린·비올라·첼로

### 5중주 quintet

목관 5중주: 플루트·오보에·클라리넷·바순·호른

현악 5중주: 제1바이올린·제2바이올린·제1비올라·제2비올라·첼로

제1바이올린·제2바이올린·비올라·제1첼로·제2첼로

금관 5중주: 제1트럼펫·제2트럼펫·트롬본·호른·튜바

피아노 5중주: 피아노·제1바이올린·제2바이올린·비올라·첼로

많은 작곡가가 이 조합 외에도 다양한 악기를 구성하여 풍부한 실내악 작품을 탄생시켰습니다. 널리 알려진 실내악곡으로 요제프 하

이든의 현악 4중주 〈황제〉, 프란츠 페터 슈베르트의 피아노 트리오 2번, 모차르트의 클라리넷 5중주 등이 있습니다.


## 오케스트라곡

오케스트라를 위한 음악으로는 우리에게 익숙한 교향곡, 서곡, 교향시, 협주곡 등이 있습니다. 오케스트라의 유래는 1600년대부터 유행한 오페라에서 반주를 맡은 기악 합주에서 찾을 수 있습니다. 바로크 시대에는 현악 합주가 대세였지만 여기에 관악기가 추가되면서 관현악단, 즉 지금과 유사한 오케스트라가 등장했습니다.


### 교향곡 symphony

교향곡은 모두 4악장으로 구성된 대규모 관현악곡으로 1720년대 이탈리아에서 기원을 찾을 수 있습니다. 대부분의 악장은 순서가 정해져 있습니다.

1악장은 곡을 대표하는 악장으로 템포가 빠르고 연주 시간이 가장 깁니다. 소나타 형식으로 2개의 주제가 반복됩니다. 2악장은 주로 아름답고 서정적인 선율로 가득 차 있고 느립니다. 3악장은 미뉴에트나 스케르초 악장으로 가볍고 템포가 빨라 경쾌하고 익살스러우며 길이가 짧습니다. 4악장은 '피날레'라고도 하며, 주로 앞을 향해 거침없이 빠르게 달려가는 악장입니다.

교향곡은 오케스트라 음악회의 마지막을 장식하는 장르이기도 합니다. 우리에게는 하이든의 〈놀람〉, 베토벤의 〈운명〉과 〈합창〉,

안토닌 드보르자크의 〈신세계로부터〉 등이 잘 알려져 있습니다. 또한 별다른 제목이 없는 모차르트의 교향곡 25번과 40번, 41번, 그리고 요하네스 브람스의 교향곡 1번, 4번 등도 유명합니다.

### 협주곡 concerto

피아노, 바이올린, 첼로, 플루트 등의 독주 악기와 오케스트라가 함께 연주하는 장르입니다. 기본적으로 3악장으로 구성됩니다. 협주곡을 가리키는 콘체르토 concerto는 '경쟁하다'라는 뜻의 라틴어 콘체르타레 concertare에서 기원을 찾을 수 있습니다. 협주곡은 독주자의 연주 효과를 극대화하는 동시에 오케스트라와의 앙상블을 위한 장르임을 알 수 있습니다.

협주곡은 빠르고 웅장한 1악장과 서정적인 2악장, 그리고 빠르게 휘몰아치는 3악장으로 구성됩니다. 1악장이나 3악장의 뒷부분에는 독주자의 역량을 최대한 잘 드러낼 수 있는 카덴차 cadenza가 등장합니다. 카덴차에서는 독주자가 혼자 연주합니다. 원래는 연주자가 즉흥적으로 연주했지만, 작곡가들이 선배 작곡가나 자신의 협주곡 카덴차를 만드는 경우가 많아졌습니다.

협주곡은 주로 오케스트라 음악회의 인터미션(중간 휴식) 이전의 1부 피날레를 장식하며 그날의 중심이 됩니다. 베토벤의 피아노 협주곡 〈황제〉, 차이콥스키의 피아노 협주곡 1번, 펠릭스 멘델스존의 바이올린 협주곡 등이 유명합니다. 예외적으로 2명 이상의 독주자를 위한 협주곡도 있습니다. 브람스의 바이올린과 첼로를 위한 협주곡, 베토벤의 피아노, 바이올린, 첼로를 위한 협주곡 등입니다.

**교향시** symphonic poem

'음악으로 표현한 시'라는 의미의 교향시는 주로 작곡가가 시적·회화적 내용에서 영감을 얻은 관현악 표제음악입니다. 낭만주의 시대 음악가 프란츠 리스트가 창시한 후 헥토르 베를리오즈, 드뷔시, 리하르트 슈트라우스와 국민악파 작곡가들이 많이 작곡했습니다. 교향곡과 달리 교향시는 단악장으로 구성되어 있고, 시적이면서도 신비적이며 무척 암시적인 장르입니다. 따라서 문학, 역사, 회화 등을 주관적으로 표현한 낭만주의 사조와 잘 맞았고, 연주 효과도 상당히 컸습니다.

주요 작품으로 리스트의 〈마제파〉, 리하르트 슈트라우스의 〈차라투스트라는 이렇게 말했다〉, 베드르지흐 스메타나의 〈나의 조국〉 등이 있습니다.


**서곡** overture

서곡은 오페라나 연극이 시작하기 전에 오케스트라가 짧게 연주하는 작품입니다. '시작하는 곡'이라는 뜻을 지닌 서곡의 어원은 프랑스어 우베르튀르 ouverture에서 유래했습니다. 오페라 서곡은 주요 아리아의 멜로디를 암시하기도 하고, 오페라 전체의 분위기를 미리 알려주는 역할도 합니다. 낭만주의 시대에 오페라와 관련 없이 작곡된 '연주회용 서곡'이 인기를 끌면서 독립적인 오케스트라곡으로 입지를 다졌습니다.

클래식에 입문할 때 듣기 적합하며, 오케스트라 음악회의 첫 곡으로도 자주 연주됩니다. 주요 작품으로 모차르트의 〈피가로의 결혼〉 서곡, 조르주 비제의 〈카르멘〉 서곡, 요한 슈트라우스 2세의 〈박쥐〉 서곡, 차이콥스키의 〈1812년〉 서곡 등이 있습니다.


## 오페라와 성악곡


### 오페라 opera

오페라는 이탈리아에서 탄생한 음악극입니다. 우리말로 '가극'이라고도 합니다. 고대 그리스의 비극에서 기원을 찾을 수 있는 오페라는 초기에 신화와 영웅 이야기를 주요 소재로 다루었습니다. 그러나 나중에는 진지하기보다 흥미로운 소재를 택한 오페라가 많이 발표되었습니다.

막과 장으로 구성된 오페라는 총연주 시간이 2시간에서 길게는 4시간에 이르는 종합예술입니다. 오페라는 주연 가수의 독창, 중창, 합창, 그리고 오케스트라의 반주가 함께합니다. 독창은 크게 아리아와 레치타티보로 이루어집니다. 간단히 설명하면 아리아는 노래, 레치타티보는 대사라고 할 수 있습니다. 중창은 인물들의 대화를 주로 표현하고, 합창은 군중이 노래하는 부분인데 극적 감동을 불러일으키기도 합니다. 오케스트라는 반주를 통해 주요 장면의 분위기를 강조하고, 오페라가 시작하기 전에는 서곡을 연주하며 전체적 성격을 암시합니다.

악보로 남아 있는 가장 오래된 오페라는 〈에우리디체〉(1600)지만, 형식과 무대를 제대로 갖춘 최초의 오페라는 클라우디오 몬테베르디(1567~1643)의 〈오르페오〉(1607)입니다. 주요 오페라 작품으로는 모차르트의 〈피가로의 결혼〉, 조아키노 로시니의 〈세비야의 이

발사〉, 주세페 베르디의 〈리골레토〉, 자코모 푸치니의 〈나비 부인〉 등이 있습니다.

### 합창 choral music

합창은 성부가 각기 다른 선율을 두 사람 이상이 맡아 부르는 음악입니다. 한 나라의 국가나 교가 등 하나의 성부를 여러 사람이 부르는 것을 제창, 각각의 성부를 한 사람씩 맡아 부르는 것을 중창이라고 합니다. 합창은 중세의 교회음악에서 기원을 찾을 수 있습니다.

가장 기본적인 합창은 혼성 4부 합창으로, 소프라노, 알토, 테너, 베이스로 구성되며 6성부, 8성부 등으로 확장되기도 합니다. 일반적으로 합창단은 단원과 지휘자 혹은 콰이어마스터, 그리고 피아노 반주자로 이루어집니다. 때에 따라서는 반주 없이 합창하고, 오케스트라가 반주를 맡기도 합니다.

널리 알려진 합창곡으로는 카를 오르프의 〈카르미나 부라나〉, 브람스의 〈독일 레퀴엠〉, 베토벤의 〈고요한 바다와 즐거운 항해〉 등이 있습니다.

### 가곡 Lied

가곡은 가사가 독일어로 된 대표적인 성악곡으로, 19세기 낭만주의 시대에 등장했습니다. 특별히 '예술가곡 Kunstlied'이라고 부르기도 합니다. 가곡 작곡가들은 피아노와 노래의 2중주를 통해 낭만주의 서정시인 하인리히 하이네, 요한 볼프강 폰 괴테 등의 시와 음악을 긴밀하게 결합했습니다.

독일 이외 지역의 노래를 살펴보면, 프랑스에서는 예술가곡을 멜로디라고 부르고, 더 대중적인 작품을 샹송이라고 합니다. 이탈리아에서는 예술가곡을 로망스, 대중적인 작품을 칸초네라고 합니다. 영국에서는 모두 아트송으로 부릅니다.

　　가곡은 형태에 따라 통절 가곡, 유절 가곡으로 분류합니다. 통절 가곡은 각 절을 각각 다른 선율로 노래하고 유절 가곡은 각 절을 모두 같은 선율로 반복하여 노래합니다. 일부 작곡가는 여러 작품을 유기적으로 모아 가곡집으로 펴내기도 했습니다.

　　슈베르트와 로베르트 슈만, 브람스, 후고 볼프 등이 많은 가곡들을 남겼습니다. 대표적인 가곡으로는 슈베르트의 〈송어〉와 〈마왕〉, 가곡집 〈겨울 나그네〉뿐 아니라 슈만의 가곡집 〈여인의 사랑과 생애〉, 가브리엘 포레의 〈달빛〉, 빈첸초 벨리니의 〈방황하는 은빛 달빛〉 등이 있습니다.

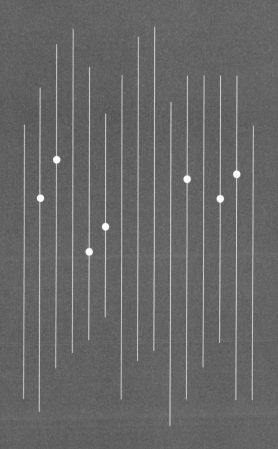

# Part. 2

## 클래식을 알아가는 시간

# 클래식
# 히스토리

## ○ 고대

오늘날 클래식이라고 불리는 서양 고전음악은 설명할 수 없을 만큼 역사가 오래되었습니다. 기원전 480년경의 그림으로 추정되는 고대 그리스 벽화에 '플루트 연주자'가 등장할 정도로 역사가 깊습니다. 고대 이집트의 유적에서 악기 연주와 함께 종교 행사를 거행하는 장면을 발견할 수 있고, 그리스 신화에 음악의 신 '아폴론'이 자주 등장하는 것으로 보아 음악은 인류가 존재하면서부터 생활과 밀접했음을 알 수 있습니다.

고대 그리스 학자 중 일부는 음악 이론을 중요하게 생각했습니다. 수학자 피타고라스는 수학 이론뿐 아니라 음계를 연구하고 이론적으로 정리하여 서양음악의 기초를 만들었습니다. 또한 플라톤과 아리스토텔레스도 자신들의 음악관을 정립했습니다.

## ○ 중세

오늘날 서양음악의 원형을 찾을 수 있는 시대는 바로 중세입니다. 중세는 로마제국의 콘스탄티누스 대제가 밀라노칙령으로 기독교를 인정한 313년부터 로마제국이 멸망하는 1453년까지의 1천 년간을 가리킵니다.

당시에는 모든 것이 신에 의해 결정되었기 때문에 음악도 당연히 신을 찬양하는 내용만이 인정받았습니다. 중세 음악의 주류는 교회음악을 중심으로 발달했기 때문에 당시 음악은 기독교 음악 자체라고 해도 과언이 아닙니다.

그레고리오 성가는 590년 교황 그레고리오 1세가 로마교회의 의식이나 기도에 사용되던 성가들을 정리한 것으로 선율이 일정하며 반주가 없는 것이 특징입니다. 당시의 성가는 지금과 같은 음계가 아니라 선법mode으로 작곡되었습니다. 또한 남성만 성가를 부를 수 있었습니다.

8세기에는 네우마 기보법이 발달하면서 단선율 성가가 점차 다성부 음악으로 발달했고, 11세기 들어서는 성가 외에 세속적인 노래도 나타나기 시작했습니다. 당시 음악은 주로 봉건시대 궁정을 중심으로 형성되었습니다.

신을 찬양하던 음악이 차츰 중세 기사들의 사랑과 민담, 우화 등을 가사로 하는 노래로 변하면서 신 중심의 음악이 인간 중심의 음악으로 옮겨 갔습니다. 세속의 노래가 퍼지면서 악기 연주도 활발해졌고, 교회음악과 세속음악이 공존하게 되었습니다.

이 시기의 획기적인 사건은 기보법 탄생입니다. 이탈리아의 귀도 다레초가 최초의 악보를 발명하고, 음악에 관한 원리가 체계적으로 정리되면서 오선지 위에 음표로 표현된 음악을 많은 사람이 공유하기 시작했습니다.


## ○ 르네상스 시대

르네상스 시대는 15세기경 이탈리아에서 시작된 문화 혁신 운동이 유럽 전체로 확산된 '문예부흥' 시기를 말합니다. 많은 사람이 종교와 교회의 속박에서 벗어나 자유로운 인간상을 추구했지만 르네상스 시대 음악은 중세에서 크게 벗어나지 못했습니다. 단선율 작품들이 좀 더 복잡하고 세련된 다성음악으로 변화했고, 그에 따라 대위법이라는 작곡 기법이 나타났다는 점이 주목할 만한 일이었습니다. 대위법은 2개 이상의 선율이 독립적으로 움직여 조화로운 음악을 형성하는 기법으로, 바로크 시대에 활동한 바흐가 대표적으로 활용한 기법이기도 합니다.

르네상스 시대에는 성악곡이 주류를 이루는 가운데 건반악기와 류트를 위한 작품들이 나타났고, 르네상스 후기에 들어서면서 이탈리아를 중심으로 오페라가 탄생할 조짐이 보였습니다. 종교음악으로는 여전히 미사곡, 성무일도곡, 모테트 등이 많이 작곡되었으며, 세속음악으로는 샹송을 비롯하여 춤곡에 기반한 곡들이 발달했습니다.


## ○ 바로크 시대

바로크 시대는 1600년부터 1750년까지의 시기를 말합니다. 종교개혁으로 커다란 사회적 변동을 겪은 당시 유럽에서는 이전과 다른 다양한 변화가 나타납니다. 유럽 각국에서 중앙집권적인 절대군주제가 강화되었고, 교회 중심의 음악이 자연스럽게 궁정과 귀족 중심으로 옮겨 가면서 크게 변화하기 시작했습니다.

바로크라는 말의 원뜻이 '일그러진 진주'라는 것에서 알 수 있듯이 이 시대는 예술을 비롯한 모든 생활양식이 '장식적이고 요란하며 보다 복잡하고 다양'했습니다. 음악의 규모도 커지고 폭넓어졌습니다. 쳄발로, 오르간 등의 건반악기와 바이올린, 첼로 같은 훌륭한 악기들이 만들어져 기악음악이 융성했습니다. 협주곡풍 작품과 화려한 독주곡이 많이 작곡되었고, 성악과 기악의 경계가 뚜렷해졌습니다.

또한 궁정음악에서 발전하여 새로운 면모를 지닌 오페라가 본격적으로 발전하기 시작했고, 소나타, 칸타타 등의 장르가 등장했습니다. 무엇보다 가장 큰 변화는 조성에서 장조와 단조 체계가 확립되었다는 것입니다. 이러한 바로크 시대의 음악적 특징을 완성한 인물은 바흐와 프리드리히 헨델입니다. 이 외에 클라우디오 몬테베르디, 안토니오 비발디, 게오르크 필리프 텔레만 등이 바로크 시대를 대표하는 작곡가입니다.


## ◦ 고전주의 시대

바로크 시대에는 음악적 다양성이 발현되었지만 장식적이고 형식적인 면이 강조되었습니다. 시간이 흐르자 이러한 권위주의에 반발하는 새로운 의식이 생겨나기 시작했습니다. 개인의 자유와 평등을 추구하는 계몽주의 사상이 등장했고, 음악도 모두를 위해 존재해야

한다는 의식이 싹텄습니다.

　18세기 중반부터 19세기 초에 자리 잡은 계몽주의의 영향을 받은 음악은 빈을 중심으로 활동한 바흐의 아들들에 의해 시작되었습니다. 이들은 대위법에 기초한 일련의 양식에서 벗어나 음악 자체의 아름다움을 추구했고, 화성에 바탕한 조화와 통일, 형식의 미를 존중했습니다.

　급속하게 확산된 이 표현 양식을 하이든이 새로이 확립했고, 모차르트가 활동하던 시기에 더 발전했습니다. 그리고 베토벤이 완성했다고 볼 수 있습니다. 이들을 빈 고전파라고 부릅니다. 이후 이들의 음악은 전 유럽의 공통 양식이 되었습니다.

　고전주의 음악의 가장 큰 특징은 장식적인 바로크 음악보다 선율이나 화성이 깔끔하고 명확해졌다는 점입니다. 균형미가 돋보이는 고전주의 음악은 음악의 순수한 아름다움을 표현하는 데 집중했습니다. 또한 모든 화음을 악보에 정확하게 표현하여 즉흥연주보다는 악보에 지시된 대로, 작곡가의 뜻에 따라 연주하는 경향이 자리 잡았습니다.

　기악곡이 특히 발전하여 이 시대를 대표하게 되었고, 교향곡과 협주곡의 기본 양식인 소나타 형식이 정립되었습니다. 이 외에도 귀족의 후원 없이는 음악 활동을 하기 어려웠던 과거와 달리 음악가들이 자립하여 활동하기 시작했습니다.


### ◐ 낭만주의 시대

　19세기에는, 이성의 시대였던 고전주의 시대의 음악이 추구한 일정한 형식과 주제에서 벗어나 개성과 감정을 나타내는 음악 경향이 대두했습니다. 이에 따라 음악가의 개성에 바탕한 환상적이고도 서정적인 작품이 많이 등장했는데, 이 음악 사조를 낭만주의라고 합니다.

낭만주의 시대에는 화성과 조성, 구조의 폭이 더욱 확대되었습니다. 고전주의 음악가들이 주제의 대조나 변화를 중시한 데 비해 낭만주의 음악가들은 감정을 다양하게 표현하여 하나의 문학적 주제로 나타내려 했습니다. 여기서 표제음악이 탄생했습니다.

작곡가들이 경제적, 사회적으로 인정받아 신분이 상승하는 동시에 창작활동의 자유가 보장되었습니다. 이에 따라 음악도 보다 다양하고 복잡하게 발전했습니다.

작곡가들의 개성이 강해지면서 한편에서는 민족주의 성향이 두드러졌습니다. 민속적 선율과 양식, 개념 등이 도입된 이 음악은 낭만주의 음악과 크게 다르지 않지만 국민악파, 민족주의 음악 등으로 구분하기도 합니다.

낭만주의의 문을 처음 연 작곡가는 슈베르트입니다. 뒤를 이어 베버, 멘델스존, 쇼팽, 슈만부터 리하르트 바그너와 구스타프 말러에 이르는 수많은 작곡가가 낭만주의 음악을 더욱 풍부하게 만들었습니다.


## ο 현대

현대음악은 20세기 이후, 정확히는 제1차 세계대전 이후의 음악을 뜻합니다. 혁명으로 불린 스트라빈스키의 음악 이후 급진적이고 다양하며 복잡하고 실험적인 음악들이 등장했고, 그 종류와 양적인 측면이 확대되었습니다.

이후 조성에서는 12음 기법을 비롯해 음렬음악 등이 나타났고, 비전통적 음계가 주로 사용되었습니다. 전통적 악기들이 새로운 방식으로 사용되었으며, 전기를 사용하는 새로운 악기들이 발명되어 신시사이저와 컴퓨터를 통해 절정에 다다랐습니다.

현대음악 작곡가들은 작품의 길이, 연주자들의 참여, 콘서트 자체에 대한 아이디어를 포함한 작곡의 모든 측면에 의문을 던졌고, 대중음악과 다른 문화권의 음악을 '클래식'과 혼합하기도 했습니다.

# 알아두면
# 좋은
# 작곡가

클래식 음악을 듣다 보면 유난히 인기가 많고 귀에 잘 들어오는 음악을 쓴 작곡가들이 있습니다. 주로 바로크·고전주의·낭만주의 시대의 작곡가들입니다. 여기서는 주목해야 할 작곡가들의 생애와 그들의 작품에 관해 이야기하겠습니다.

## ♪ 음악의 아버지, 바흐

"모든 음악은 결국 바흐로 돌아간다"라는 말이 있습니다. 진정한 클래식의 뿌리는 요한 제바스티안 바흐(1685~1750)의 음악임을 현대음악가들이 강조하는 말입니다.

'음악의 아버지'라고 불리는 바흐의 음악은 당대에 인정받지 못했고, 그가 세상을 떠난 후에는 사람들의 기억에서 사라졌습니다. 18세기부터 고전주의 음악이 대세가 되었고, 몇몇 바로크 음악만 대중의 사랑을 받을 뿐이었습니다. 하지만 음악학자나 악보 수집가들은 바흐의 음악을 모으고 있었고, 1829년 열렬한 바흐 추종자였던 펠릭스 멘델스존이 바흐의 〈마태 수난곡〉을 재조명하면서 바흐 음악이 인기를 얻었습니다.

바흐는 유명 음악인을 많이 배출한 독일 아이제나흐의 한 루터파 가문에서 태어났습니다. 어릴 때부터 바이올린을 배운 그는 성악보다 기악에 관심이 많았고 오르간과 클라비어에 재능을 보였습니다. 그는 훌륭한 작곡가였을 뿐 아니라 생활에서도 훌륭한 아버지였습니다. 두 번 결혼하여 20명의 자녀를 둔 그는 "내 아이들 모두가 음악에 재능이 뛰어나서 가족 음악회를 열 수 있으면 좋겠다"라고 말하기도 했습니다. 실제로 자녀와 제자들의 교육을 위한 작품 〈평균율 클라비어 곡집〉 두 권을 썼습니다.

바흐의 둘째 아들 카를 에마누엘 바흐는 "우리 가족은 벌통을 건드린 것처럼 늘 북적거렸고 생기가 넘쳤다. 아버지는 우리가 뛰어노는 가운데 작곡했고, 무릎 위에 앉혀놓고 곡을 완성하기도 했다. 또 하프시코드에 우리와 나란히 앉아 연주하는 것을 좋아했다"라고 회고했습니다.

좋은 환경을 찾아 여러 번 직장을 옮긴 바흐는 바이마르의 궁정 오르간 연주자를 맡았고, 이후 쾨텐의 궁정 악장을 거쳐 라이프치히 성 토마스 교회의 악장으로 일했습니다. 신앙심이 깊었던 바흐는 가족을 부양하기 위해 누구보다 왕성하게 일했고, 이러한 책임감은 음악적 성과로 이어졌습니다.

바흐는 오페라를 제외하고 당시 유행한 거의 모든 장르의 음악을 작곡했습니다. 2백 곡이 넘는 칸타타를 비롯하여 성악곡, 오르간곡, 기악곡, 실내악곡 등 손길이 닿지 않은 영역이 없었습니다.

바흐는 독일의 전통적 대위법을 고수했습니다. 그를 대표하는 기법 중 하나는 대위법 중 최고봉이라고 할 수 있는 '푸가'입니다. 마지막으로 작곡한 작품도 〈푸가의 기법〉입니다. 또한 바흐는 독일의 궁정에서 유행한 프랑스와 이탈리아의 음악 양식을 받아들여 다양한 음악을 만들어냈습니다.

바흐가 음악사에서 중요한 이유는 바로크 시대의 사상인 완벽한 조화와 균형미를 음악을 통해 전적으로 표현했기 때문입니다. 1천 곡이 넘는 그의 음악은 모두 색다르고 새로워서 단 한 곡도 닮은 구석이 없습니다. 그가 평생 교회와 궁정에서 일했고 귀족이 의뢰하는 대로 작품을 썼다는 사실을 감안하면 더욱더 놀라운 일입니다. 제자나 자녀들을 가르치기 위해 작곡한 음악을 제외하면 '주문받아' 쓴 작품이 대부분인데 모두가 명곡이라는 것은 천재적 능력 덕분이라고 설명할 수밖에 없습니다. 바흐는 바로크 음악을 완성한 거장 중 거장일 뿐 아니라 현대의 모든 음악에 영향을 미쳤습니다.

**바흐의 대표 감상곡**

〈안나 막달레나 바흐를 위한 클라비어 소곡집〉,
BWV Anh. 114 중 미뉴에트 G장조

토카타와 푸가 D단조,
BWV 565

무반주 바이올린을 위한 파르티타 2번,
BWV 1004 중 샤콘느

평균율 클라비어 곡집 1,
BWV 846~869

골드베르크 변주곡,
BWV 988

## ♫ 교향곡의 아버지, 하이든

요제프 하이든(1732~1809)은 18세기 후반 빈 고전파 양식이 형성되는 데 크게 공헌했습니다. 연주 규모가 큰 4악장 교향곡과 현악 4중주가 확립되는 과정에서 선구자 역할을 한 그는 성품도 원만해 '파파 하이든'이라는 애칭으로 불리며 사람들의 사랑과 존경을 받았습니다.

하이든은 지금의 오스트리아와 헝가리 국경 근처의 로라우에서 바흐와 헨델보다 50년쯤 늦게 출생했습니다. 하이든은 어릴 때부터 음악적 재능이 뛰어났고 노래도 잘했기 때문에 지금의 빈소년합창단의 전신인 성 슈테판 교회 소년합창단의 일원으로 활동했습니다. 하지만 변성기에 들어서면서 합창단을 졸업했고, 1761년부터 평생 동안 에스테르하지 가문의 궁정 악단에서 일했습니다.

경제적으로 안정되고 시간을 유용하게 쓸 수 있었던 그는 항상 오케스트라와 함께하며 많은 음악적 시도를 했습니다. 덕분에 여러 형식을 실험하고 교향곡을 1백 곡 이상 작곡하여 '교향곡의 아버지'라는 별명을 얻었습니다.

물론 교향곡은 모차르트와 베토벤을 거쳐 후대의 많은 작곡가가 완성했지만 그 기틀을 마련한 인물은 하이든입니다. 그의 작품은 모두 건강한 미소처럼 밝습니다. 주인인 에스테르하지공을 위해 음악을 만들었으니 어쩌면 당연해 보입니다. 특히 〈시계〉, 〈군대〉, 〈놀람〉, 〈고별〉 등의 교향곡이 잘 알려져 있습니다.

하이든은 일생 동안 12편의 오페라와 1백 곡 이상의 교향곡, 70곡 이상의 현악 4중주, 50곡 이상의 건반악기 소나타, 수많은 합창곡과 성악곡, 실내악곡을 남겼습니다.

1790년까지 에스테르하지 가문을 위해 일한 하이든은 60세 무렵 빈으로 갔습니다. 이즈음 그의 작품이 국제적으로 알려져 런던으로 2차례 연주 여행을 다녀왔습니다. 이 시기에 교향곡 〈런던〉으로 대표되는 12곡의 교향곡을 썼습니다.

말년에 빈으로 돌아온 하이든은 현악 4중주와 성악곡도 많이 작곡했습니다. '현악 4중주'는 교향곡 이외에 하이든이 남긴 가장 훌륭한 업적 중 하나입니다. 2악장에 오스트리아 국가가 등장하는 〈황제〉와 봄날의 새가 지저귀는 모습이 연상되는 〈종달새〉가 특히 유명합니다. 하이든의 말년 작품 중 유명한 것은 합창과 오케스트라를 위한 여섯 곡의 미사곡, 그리고 오라토리오 〈천지창조〉와 〈사계〉입니다.

하이든이 1809년 77세로 세상을 떠났을 때는 국제적 분쟁 때문에 프랑스군이 빈을 점령하고 있었지만, 그의 업적을 인정한 나폴레옹이 그의 생가 주위에 호위대를 배치하여 죽음에 예의를 표했습니다.

**하이든의 대표 감상곡**

트럼펫 협주곡 3악장

교향곡 94번 〈놀람〉 2악장

현악 4중주 62번 〈황제〉 2악장

첼로 협주곡 1번

오라토리오 〈천지창조〉

## ♪ 최고의 천재, 모차르트

볼프강 아마데우스 모차르트(1756~1791)는 음악 역사상 최고
의 천재라고 불립니다. 그의 천재성을 뒷받침하는 일화가 있습니다.
1770년 아버지와 함께 이탈리아를 여행하던 모차르트는 바티칸궁전
시스틴 예배당에서 연주되던 그레고리오 알레그리의 〈미제레레〉를

한 번 듣고는 그 선율을 악보에 그려냈습니다. 당시 교황청은 이 곡이 너무 아름다워 사람들을 현혹할 수 있다는 이유로 악보를 궁전 외부로 반출하는 것을 엄격하게 금지했습니다. 그런데 모차르트는 단 한 번의 연주만을 듣고 사보에 성공했습니다. 악보 반출을 허락하지 않았던 교황은 그의 천재성에 감탄하여 처벌 대신 훈장을 내렸고, 〈미제레레〉 금지 조치를 해제하여 모든 이가 연주하고 들을 수 있도록 했습니다.

　모차르트는 "신이 그의 재능을 질투했다"라는 말이 나올 정도로 짧은 인생을 살았지만 풍성한 음악을 남겼습니다. 어려서부터 피아노와 바이올린 그리고 작곡에 천부적인 재능을 보인 그는 오스트리아 잘츠부르크 궁정 전속 작곡가이자 바이올린 연주자였던 아버지의 계획에 따라 10년 동안이나 유럽 각지에서 연주 여행을 하며 이름을 알렸습니다.

　연주 여행을 마친 모차르트는 고향 잘츠부르크에서 궁정 작곡가로 잠시 일하다가, 당시 음악의 중심지였던 빈으로 활동 무대를 옮겼습니다. 중소도시 잘츠부르크와 달리 대도시였던 빈은 중산층이 성장하고 시민사회로 변화하면서 모차르트에게 전성기를 가져다주었습니다. 그는 자신이 작곡한 피아노 협주곡을 직접 연주하기도 하며 프리랜서 피아니스트로 명성을 떨쳤고, 몰려드는 제자들을 가르치느라 눈코 뜰 새 없이 바쁜 나날을 보냈습니다.

　1781년 이후 빈에 정착한 그는 오페라 〈후궁으로부터의 도주〉를 완성했고, 당시 유명 소프라노의 동생이었던 콘스탄체 베버와 결혼했습니다. 오페라 〈피가로의 결혼〉, 〈돈 조반니〉의 연이은 성공으로 많은 돈을 벌고 풍족한 생활도 누렸습니다.

　하지만 유행을 따르지 않고 독자적인 작품을 쓰기 시작한 모차르트의 인기는 오래가지 못했습니다. 3개의 교향곡 39~41번은 현재

걸작으로 평가받지만 당시 사람들은 그의 음악 세계를 이해하지 못했습니다.

청중도, 제자도, 작품을 요청하는 귀족도 점점 줄어들었습니다. 재정적으로 어려워진 모차르트는 건강이 악화되었고, 1791년 오페라 〈마술피리〉 완성을 앞두고 마지막 작품인 레퀴엠을 의뢰받았습니다. 하지만 레퀴엠을 완성하지 못한 채 35살의 짧은 생을 마감합니다.

전염병 의심자라는 이유로 모차르트의 장례식은 그의 명성에 비해 매우 초라했고, 제한된 인원만 참석할 수 있었습니다. 아내마저 장례식장에 올 수 없었기 때문에 유해가 공동묘지에 매장되어, 지금까지도 그가 묻힌 정확한 위치를 알 수 없습니다.

모차르트의 음악은 다가가기 쉽지만 동시에 심오합니다. 누구보다도 수려하게 인간의 순수한 감정을 노래한 그의 음악은 전문가와 아마추어 모두에게 강한 호소력이 있습니다. 자취도 남기지 않고 세상을 떠난 천재의 음악은 2백 년이 훌쩍 지난 현재에도 수많은 사람을 매료시킵니다.

**모차르트의 대표 감상곡**

피아노 소나타 16번,
K. 545

바이올린 협주곡 5번,
K.219

오페라 〈피가로의 결혼〉,

K. 492 서곡

교향곡 41번 C장조 〈주피터〉,

K. 551

가곡 〈제비꽃〉,

K. 476

## 𝒪 악성, 베토벤

루트비히 판 베토벤(1770~1827)은 고전주의를 완성한 작곡가입니다. 그의 할아버지와 아버지는 독일의 주요 도시 본의 선제후 궁정의 음악가였습니다. 하지만 포도주 양조장을 운영하면서 알코올 의존증에 빠진 그의 아버지는 어린 베토벤을 모차르트 같은 신동으로 만들고 싶어 했습니다. 돈과 명성에 집착한 그의 아버지는 아들의 나이를 속여 연주회를 열고, 뜻대로 되지 않자 술에 취한 채 아들을 꾸중하기도 했습니다.

11세 무렵 베토벤은 궁정 음악가였던 크리스티안 고틀로프 네페를 만나 음악 공부를 이어갔습니다. 네페는 그에게 음악 이론과 함께 바흐의 〈평균율 클라비어 곡집〉을 하나하나 가르쳤습니다. 정규교육을 받지 못했던 그는 이 시기에 음악의 기초와 교양을 쌓을 수 있었습니다.

　음악의 중심 도시 빈으로 향한 그는 네페의 소개를 통해 하이든의 문하로 들어갔습니다. 이후 하이든의 주선으로 살롱 음악회에서 피아노를 연주하며 명성을 얻었습니다. 17세 되던 해 베토벤은 모차르트를 만난 적이 있는데, 당시 모차르트는 그를 보고 "이제 곧 전 세계를 떠들썩하게 만들 것입니다"라며 극찬했습니다. 그로부터 여러 해가 지나기 전에 베토벤은 뛰어난 피아니스트이자 작곡가로 빈에서 활약하기 시작했습니다.

　피아노 협주곡 2번으로 이름을 알린 베토벤은 교향곡 1번, 피아노 소나타 〈비창〉 등을 발표하여 작곡가로 입지를 다졌고 희망적이고 활력 넘치는 작품들을 썼습니다.

　베토벤의 작품 세계는 세 시기로 나눌 수 있습니다. 제1기는 빈에서 데뷔하고 자리 잡던 시기입니다. 제2기는 1803년부터 1815년입니다. 베토벤은 1802년 무렵부터 삶 전체를 비극으로 만들 만한 일을 겪습니다. 음악가로서는 사형 선고나 다름없는 청력 상실이었습니다. 하지만 베토벤은 절망을 이겨내고 음악으로 자신의 운명에 대응하겠다고 결심합니다. 그리고 "나는 운명의 목을 조를 것이다"라고 말할 만큼 놀라운 창작력으로 이 시기를 버텼습니다. 이때를 베토벤의 '영웅적 시기'라고 부르는 이유입니다. 삶의 모든 문제를 음악으로 극복하고자 한 그가 이때 작곡한 작품은 피아노 소나타 〈열정〉과 〈고별〉을 비롯하여 현악 4중주 다섯 곡, 교향곡 〈영웅〉, 〈운명〉, 〈전원〉, 피아노 트리오 〈대공〉 등입니다. 1815년 이후의 제3기에 베토벤은 교향곡 〈합창〉 등을 발표하면서 예술적 경지에 도달했습니다. 이 시기의 작품은 마지막 피아노 소나타 세 곡, 바이올린 소나타 〈크로이처〉, 가곡 〈아델라이데〉, 마지막 현악 4중주 등입니다. 그는 더 이상 운명에 맞서는 것이 아니라 운명을 받아들이고 스스로 극복하려 했습니다. 이때 그는 고전주의를 완성한 작곡가일 뿐만 아니라 한 차원 높은 예술의 세계로 통하는 문을 연 예술가가 되었습니다.

모차르트가 일자리를 얻기 위해 귀족들의 지원을 받은 반면 베토벤은 그들의 의뢰를 받고 작품을 쓰긴 했지만 그들과 동등한 위치를 차지했습니다. 프랑스혁명 이후 베토벤은 자유 사상과 계몽주의를 흡수했고, 훌륭한 작품 활동으로 대중의 열광적인 반응을 이끌어냈습니다.

후대 사람들은 베토벤이 고전주의를 훌륭하게 완성하고 낭만주의의 시작을 알렸다고 평가합니다. 그는 가장 인간적인 음악 세계를 구축하며 인간의 내면을 가감 없이 표출하고, 많은 사람에게 무한한 에너지와 위안을 주었습니다. 우리가 그를 '악성(樂聖)'이라고 부르는 이유입니다.

**베토벤의 대표 감상곡**

피아노 소나타 8번 〈비창〉,
Op. 13

바이올린 소나타 5번 F장조 〈봄〉,
Op. 24

교향곡 6번 F장조 〈전원〉,
Op. 68

| 교향곡 9번 D단조 〈합창〉, |  |
|---|---|
| Op. 125 | |

| 서곡 〈에그몬트〉, |  |
|---|---|
| Op. 84 | |

## *ο* 낭만주의의 시작, 슈베르트

"음악은 여기에 고귀한 보배와 그보다 훨씬 귀한 희망을 묻었노라. 프란츠 슈베르트, 여기에 잠들다." 프란츠 페터 슈베르트(1797~1829)가 사망하자 슬픔에 빠진 친구들은 그가 평소 존경한 베토벤의 묘지 옆에 묻고 묘비에 이렇게 남겼습니다. 그의 작품이 널리 알려지기를 바라는 염원 때문이기도 했습니다.

낭만주의 음악 사조의 시작은 슈베르트부터입니다. 음악적인 분위기의 가정에서 태어난 그는 탁월한 미성을 지니고 있었기 때문에 슈테판 성당 부속합창단에서 노래할 수 있었습니다. 나중에 변성기를 맞이한 그는 바이올린과 비올라를 연주하고 오케스트라 단원으로 활동하며 작곡을 시작했습니다. 아버지의 바람대로 초등학교에서 교사 생활을 하기도 했지만, 곧 프리랜서 작곡가로 살았습니다.

슈베르트는 어린 시절부터 내성적이었는데, 수줍고 겸손한 성격처럼 작품들도 유연하고 서정적입니다. 고전주의 음악을 완성한 베토벤과 비슷한 시대 인물이었지만 음악 세계는 매우 달랐습니다. 규모가 큰 장르보다는 아기자기한 작품과 잘 어울렸던 그는 시와 음악을 결합한 예술가곡을 탄생시켰습니다.

슈베르트의 음악은 자연스럽고 즉흥적입니다. 모차르트의 천재적인 영롱함이나 베토벤의 격한 장엄함은 없습니다. 하지만 부드럽고 유연하며 서정적이고 마법과도 같은 화성의 아름다움이 있습니다. 슈베르트의 가곡은 시의 핵심을 정확하게 간파하고 음악에 얹어 원래의 시를 뛰어넘었습니다. 성악가를 위한 선율과 피아노 화성은 평범한 시를 최상의 가곡으로 탄생시키며 그때까지 없었던 가장 훌륭하고 표현적인 음악이 되었습니다. 슈베르트가 짧은 생애 동안 작곡한 가곡 6백여 편의 내용은 자연에 관한 짧은 묘사부터 극적이거나 민속적인 선율, 정서적 강렬함 등으로 매우 다양합니다.

"그가 손대는 모든 것은 노래로 변했다." 슈베르트의 한 친구가 남긴 말입니다. 슈베르트는 내성적이었지만 다행히도 평생의 벗이 될 소중한 친구들을 만날 수 있었습니다. 시인, 철학자, 법률가, 화가 등으로 활동하던 그들은 훗날 슈베르트를 위해 '슈베르티아데 Schubertiade'라는 연주 모임을 만들어 그의 활동을 지지했습니다. 경제적으로 풍족하지 못하고 허약했던 슈베르트에게 그들은 큰 힘이 되었습니다.

하지만 빈에서 베토벤처럼 대중적 인기를 끌지 못한 슈베르트는 생전에 작품 대부분을 출판하지 못했습니다. 몇 번은 그의 친구들이 의기투합하여 가곡집을 출판하려 했지만 쉽게 이루어지지 않았습니다. 슈베르트는 주위의 도움에도 불구하고 외로움에 억눌렸고, 행복하지 못했습니다. 그의 심오한 작품들은 대부분 이 시기에 나왔습니다.

슈베르트는 갈수록 건강이 악화되었지만 창작력이 더욱 왕성해졌습니다. 시간이 얼마 남지 않았음을 직감한 그는 항상 "아직 나는 더 배울 것이 남아 있다"라고 말하곤 했습니다. 죽음을 목전에 앞둔 그는 가곡집 〈겨울 나그네〉와 3개의 피아노 소나타 등을 작곡했습니다. 음악가가 사회적으로 인정받는 낭만주의 시대의 문을 연 그는 생전에 명성을 누리지 못하고 고독하게 세상을 떠났습니다. 친구들은 그의 마지막 가곡들을 모아 〈백조의 노래〉를 출판했습니다.

**슈베르트의 대표 감상곡**

즉흥곡 3번,

D. 899

현악 4중주 14번 〈죽음과 소녀〉,

D. 810

가곡 〈마왕〉,

D. 328

가곡 〈들장미〉,

D. 257

교향곡 8번 B단조 〈미완성〉,

D. 759

## 𝒪 피아노의 시인, 쇼팽

프레데리크 프랑수아 쇼팽(1810~1849)은 프랑스인 아버지와 폴란드인 어머니 사이에서 태어났습니다. 4세부터 피아노에 재능을 보여 12세 때 바르샤바 음악학교 교장 요제프 엘스너에게 정식으로 작곡을 교육받기 시작했습니다. 8세에 첫 번째 공식 연주회를 열고, 15세에 러시아 차르 알렉산드르 1세 앞에서 연주하고 다이아몬드 반지를 하사받을 정도로 뛰어난 피아노 연주 실력을 자랑했습니다.

18세 때 쇼팽은 유럽 음악의 중심지 빈에서 독주회를 열었고, 그의 연주를 들은 슈만은 "여러분, 모자를 벗고 경의를 표하십시오. 여기 천재가 나타났습니다"라며 극찬했습니다. 이듬해 파가니니의 연주를 듣고 감명받은 쇼팽은 '피아노의 파가니니가 되겠다'고 결심하고 자신이 작곡한 음악을 연주하며 유명세를 떨치기 시작했습니다.

1830년 폴란드로 돌아온 쇼팽은 두 곡의 피아노 협주곡을 작곡했고, 다시는 고국에 돌아오지 못할 것이라고는 꿈에도 모른 채 파리로 떠났습니다. 그가 폴란드를 떠난 후 바르샤바는 러시아군의 침공과 폭동으로 혼란에 빠졌습니다. 이후 그가 음악에 폴란드 고유의 특징을 담으려 노력하면서 작품은 전반적으로 강렬하고 열정적인 에너지를 품었습니다.

파리에 정착한 쇼팽은 베를리오즈, 리스트, 외젠 들라크루아 등 당대의 문화계 인물들과 교류하기 시작했고, 평생의 연인 조르주 상드를 소개받았습니다. 그녀와 함께한 몇 년간은 쇼팽의 인생에서 창작력이 가장 크게 샘솟은 시기입니다.

쇼팽은 기존 음악 형식의 틀을 넘어서 자유로운 감정 표현에 충실하고자 했습니다. 규모가 큰 콘서트보다는 살롱 연주나 소규모 연주회를 선호하여 내밀한 감정을 잘 표현할 수 있는 작품을 많이 썼습니다. 쇼팽의 음악은 단순히 여성적이거나 유약하다고 말하기는 어렵습니다. 스스로 "음악은 소리로 감정이나 이야기를 표현할 뿐이다. 하지만 그것들은 음악 자체를 위해 존재한다"라고 말할 만큼 그의 서정적인 선율에는 절제된 강인함이 숨어 있습니다.

쇼팽의 음악을 한마디로 표현하면 피아노를 위한 시입니다. 소나타를 제외하면 대부분의 작품이 짧습니다. 그의 작품은 춤곡, 그리고 춤과 관계없는 음악 형식 2가지로 나눌 수 있습니다. 폴로네즈, 마주르카, 왈츠가 춤곡에 해당합니다. 이 외의 장르는 프렐류드, 연습곡, 녹턴, 즉흥곡, 스케르초, 발라드, 뱃노래 등입니다. 쇼팽은 매우 독특한 개성과 향수를 불러일으키는 듯한 감성을 이 모든 장르에 담았습니다.

쇼팽의 음악은 오른손의 주제선율과 왼손의 화성이 거의 완벽하게 결합하고 표현력이 다양하며 강렬합니다. 때때로 왼손에서 주요 선율이 등장하고 오른손에서 반주의 화성이 나타나기도 합니다. 그의 작품을 연주하는 데 빼놓을 수 없는 요소는 루바토rubato라는 주법입니다. 원래 '훔치다'라는 뜻을 지닌 루바토는 일정한 템포 안에서 선율을 밀고 당겨 여유로운 음악적 표현을 꾀하는 주법입니다.

쇼팽은 어떠한 영웅 심리나 장대한 욕망 이전에 조국 폴란드와 가족에 대한 그리움, 오랜 세월 앓아온 폐병과 고독 등의 안타까운 감정으로 점철된 삶을 살았습니다. 특히 마주르카나 폴로네즈에 이러한 정서가 잘 드러납니다. 39세의 젊은 나이로 세상을 떠난 쇼팽은 파리의 페르 라셰즈 묘지에 묻혔고, 그의 유언에 따라 심장은 바르샤바의 성 십자 교회에 안치되었습니다.

| | |
|---|---|
| 즉흥 환상곡,<br>Op. 66 |  |
| 녹턴,<br>Op. 9-2 |  |
| 폴로네즈 〈영웅〉,<br>Op. 53 |  |
| 마주르카,<br>Op. 17-4 |  |
| 에튀드 〈혁명〉,<br>Op. 10-12 |  |

## ⌀ 고전적 낭만주의, 브람스

요하네스 브람스(1833~1897)는 낭만주의의 한가운데서 활동한 음악가지만 진지하고 보수적인 인상이 강합니다. 그는 극도의 화려함으로 대표되는 후기 낭만주의가 무르익은 시대에 신고전파라고 불릴 만큼 절대음악을 고수했습니다. 음악에 이야기를 담아 의미를 부여하는 표제음악이 유행하던 시기에도 소나타, 변주곡, 실내악, 교향곡 등을 고집하면서 베토벤, 멘델스존, 슈만으로 이어지는 독일 음악의 전통을 계승했습니다. 북부 독일 출신이어서인지 소박하고 강건한 스타일의 영향을 많이 받은 것도 사실이지만, 화려하지 않고 순수하며 건실하면서도 풍부한 감성으로 정통 낭만주의의 한 축을 담당했다고 볼 수 있습니다.

브람스의 아버지는 호른과 더블베이스를 연주하는 아마추어 음악가였는데, 두 악기는 브람스 음악의 분위기와도 잘 어울립니다. 정규 교육을 제대로 받지 못한 브람스는 경제적 기반이 없었기 때문에 피아노 개인 교습이나 소규모 연주로 생계를 이어갔고, 때때로 합창단을 지휘하며 편곡을 했습니다. 이때의 경험은 훗날 그가 합창 음악을 작곡할 때 큰 자산이 되었습니다.

1853년 브람스는 하노버에서 바이올리니스트 요제프 요아힘과 연주 여행을 할 기회를 얻었고, 바이마르에서 리스트를 만났습니다. 이후 리스트의 소개로 슈만과 만나면서 그에게 새로운 인생이 열렸습니다. 슈만과 그의 부인 클라라는 브람스의 재능을 높이 평가하여 음악계에 널리 알리고자 애썼고, 브람스는 곧 전 유럽에서 활약하기 시작했습니다. 클라라는 자신의 일기에 슈만이 브람스를 처음 만나 연주를 들은 후 "지금까지 한 번도 들은 적 없는 음악을 듣게 되리라"라고 말했다는 일화를 남겼습니다. 브람스는 슈만을 스승으로 여겼고, 동시에 클라라에게 특별한 감정을 품었습니다.

잘 알려진 것처럼 슈만이 정신병 증세 때문에 라인강에 투신했을 때 브람스는 그들 부부를 적극 도왔습니다. 막내 펠릭스를 임신 중이었던 클라라는 정신적, 육체적으로 피폐한 상황이었고, 브람스가 물심양면으로 도와준 덕분에 위기를 극복할 수 있었습니다. 이후 두 사람은 평생의 벗이 되었습니다. 브람스는 계속 슈만의 아이들을 돌보면서 클라라에 대한 감정을 키워갔고, 이러한 감정은 당시 작품에 흔적으로 남아 있습니다. 클라라는 브람스와의 친분을 소중히 여겼지만 남편의 제자로만 대했기 때문에 두 사람의 관계는 친구 이상으로 발전하지 못했습니다.

브람스에게 형식은 절대적인 것이었습니다. 그는 형식이 엄격할수록 음악적 발상을 나타내기 수월했고, 형식을 통하여 감정을 박력 있게 드러냈습니다. 이것이 그가 낭만주의가 무르익었을 때 활동했지만 고전주의적 형식 체계를 지키면서 낭만주의적 정서를 결합할 수 있었던 이유입니다. 그는 당시 작곡가들과 달리 겉으로 화려하게 드러나는 스타일 대신 형식과 구성을 엄격하게 지키며 자신만의 건실한 음악 세계를 펼쳤습니다.

브람스의 전성기는 40세가 넘어 시작되었습니다. 창작 태도가 신중했던 그는 실내악처럼 비교적 규모가 작은 곡에서 착실하게 음악적 아이디어를 다듬은 후 비로소 교향곡을 작곡하기 시작했습니다. 그는 과거의 형식을 고수했기 때문에 보수주의적 작곡가라고 불리기도 했지만 한편으로는 혁신적 면모도 있었습니다. 당김음, 엇박, 액센트, 2박과 3박의 혼합 박자 등을 자주 사용하여 복잡하고 흥미로운 음악성을 보여주었고, 친숙한 선율을 끊임없이 변주했습니다.

평생 동안 클라라를 마음속 연인으로 두었던 브람스는 선을 넘지 않은 관계를 죽을 때까지 유지하다가 그녀가 세상을 떠나고 얼마 후 죽음을 맞이합니다. 그는 낭만적인 음악을 고전적 형식 위에, 때때로 바로크적 형식 위에 독창적으로 표현했습니다. 그가 베토벤을 "내 어깨 위 거인의 자취"라고 말하며 항상 자신과 비교한 신중한 낭만주의자였기에 가능한 일이었을 것입니다.

헝가리 춤곡 5번

피아노 협주곡 1번 D단조,

Op. 15

교향곡 1번 C단조,

Op. 68

〈비극적 서곡〉,

Op. 81

교향곡 4번 E단조,

Op. 98

## ♂ 러시아 최고의 작곡가, 차이콥스키

러시아가 낳은 최고의 작곡가 표트르 일리치 차이콥스키 (1840~1893)는 러시아인 아버지와 프랑스인 어머니 사이에서 태어났습니다. 그에게 남다른 예술적 감성을 전해준 어머니는 그가 15세 때 세상을 떠났고, 유달리 감성적이던 그는 큰 충격을 받아 평생 후유증으로 고생했습니다.

차이콥스키는 어린 시절부터 음악에 재능을 보였지만 부모님은 그의 재능이 특별하다고 생각하지 않았고, 안정적인 직장에 들어가기를 원했습니다. 법률학교를 졸업하고 법무성에서 일하게 된 그는 음악에 대한 열정을 버리지 못하고 페테르부르크의 러시아음악협회가 운영하는 음악학교에 입학합니다. 안톤 루빈슈타인 문하에서 정식으로 음악을 공부하기 시작한 차이콥스키는 26세에 모스크바음악원 교수로 임명됩니다. 모스크바에서 많은 작곡가와 출판업자를 만난 그는 국제적 도시의 활기찬 분위기 속에서 음악 경력을 쌓기 시작했습니다.

차이콥스키는 〈호두까기 인형〉과 〈백조의 호수〉, 〈잠자는 숲속의 미녀〉 등의 발레극으로 러시아 발레를 세계적 반열에 올렸습니다. 또한 알렉산드르 푸시킨의 원작에 바탕한 오페라 〈예브게니 오네긴〉과 〈스페이드의 여왕〉도 대성공을 거두었습니다. 차이콥스키의 피아노 협주곡과 바이올린 협주곡은 지금도 전 세계인을 매료시키고 있습니다. 이 곡들이 연주될 때마다 관객은 깊은 감동과 환희에 빠집니다.

차이콥스키의 음악은 매우 큰 감동을 가져다줍니다. 열정적이고 감정에 직접적으로 어필하며, 표현력의 범위도 매우 넓기 때문입니다. 또한 차이콥스키는 감동적인 선율을 만드는 데 탁월했습니다. 그래서인지 대중가요나 영화 사운드트랙에도 그의 음악이 자주 쓰입니다. 그는 민요 선율을 작품에 종종 사용하며 러시아 고유의 분위기를 담았지만, 러시아 5인조 같은 민족주의 작곡가는 아니었습니다. 오히려 러시아적 정서를 보편적이고 세계적인 정서로 한 단계 올려놓은 작곡가라고 할 수 있습니다.

음악가로서 최고의 명성을 떨쳤지만 차이콥스키는 한 번도 한 인간으로서 행복했던 적이 없었습니다. 어머니의 죽음에 대한 공포를 항상 간직하며 정서적으로 우울하고 불안감에 차 있었던 그는 누이동생이 죽자 더 이상 버틸 힘을 잃었습니다. 음악적 천재성과는 달리 우울하고 심란하기만 했던 그는 선천적 예민함과 성적 지향, 그리고 가족의 잇단 죽음으로 극심한 상처를 받았습니다. 하지만 그의 고통이 음악 인생을 이끌었다는 점을 부정할 수는 없습니다. 작품에서 드러나는 러시아적 센티멘털리즘 역시 원천은 그의 굴곡진 인생일지도 모릅니다.

**차이콥스키의 대표 감상곡**

피아노 협주곡 1번 B♭ 단조,
Op. 23

발레 〈백조의 호수〉,
Op. 20

현악 4중주 1번,
Op. 11

첼로를 위한 〈로코코 주제에 의한 변주곡〉,
Op. 33

## ♪ 최후의 러시아 낭만주의자, 라흐마니노프

최후의 러시아 낭만주의자로 불리는 세르게이 라흐마니노프
(1873~1943)는 러시아가 낳은 위대한 작곡가이자 뛰어난 피아니스트
입니다. 부유한 가정에서 태어난 그는 어릴 때부터 음악을 필수 교양
으로 여기며 배울 수 있었습니다. 4세부터 피아노 교육을 받으며 작
곡 공부를 병행했고, 피아니스트로서의 재능이 특히 뛰어났습니다.

모스크바음악원에 재학 중이던 17세에 라흐마니노프는 첫 번
째 피아노 협주곡을 작곡했습니다. 이후 첫 교향곡을 썼지만 초연이
실패하고 음악계의 혹평을 받는 시련을 겪었습니다. 자신감을 잃은
그는 우울증을 앓으며 3년 이상 아무 작품도 쓰지 못했습니다. 다행
히 모스크바의 사설 단체에서 오페라를 지휘하며 음악 활동을 계속할
수 있었고, 유럽, 미국 등에서 연주 여행을 했습니다. 가는 곳마다 찬
사를 받은 그에게 런던 음악협회에서 관현악곡과 피아노 작품을 소개
해달라고 제의했습니다.

러시아로 돌아온 라흐마니노프는 첫 번째 피아노 협주곡보다 스
타일이 새로운 작품을 작곡하기로 결심했습니다. 우울증이 재발하는
듯했지만, 아마추어 음악가이자 의사였던 니콜라이 달 박사에게 치료
받은 후 극복할 수 있었습니다. 1900년부터 피아노 협주곡 2번 작곡에

몰두하기 시작한 라흐마니노프는 자신의 피아니즘과 정교한 오케스트레이션을 바탕으로 세기의 역작을 탄생시킵니다.

1악장의 꾸준하면서 절도 있는 진행, 2악장의 꿈꾸는 듯 달콤한 선율, 3악장 끝부분에서 고조되는 주요 선율. 이 모든 것과 여러 인상적인 특징이 조화를 이룬 피아노 협주곡 2번은 지속적인 인기를 누리며 가장 사랑받는 작품으로 남게 됩니다. '크렘린의 종'이라고도 불리는 1악장 도입부부터 3악장의 휘몰아침까지 특유의 피아니즘을 빠짐없이 담은 이 작품으로 라흐마니노프는 작곡가로서의 명성을 확고히 했습니다.

라흐마니노프는 볼쇼이극장과 모스크바 마린스키음악원의 지휘자와 교수 직책을 맡고, 연주회를 계속하며 바쁜 나날을 보냈습니다. 1906년 러시아내전으로 혼란한 시기에 잠시 독일 드레스덴으로 거처를 옮겨 활동했고, 이때 교향곡 2번을 발표하여 대대적인 성공을 거두었습니다. 독일에서 돌아온 라흐마니노프는 미국 데뷔를 위한 작품을 기획하고 피아노 협주곡 3번을 발표하여 미국에서도 지휘자와 피아니스트로 명성을 얻습니다.

다시 러시아로 돌아온 라흐마니노프는 1910년부터 모스크바극장과 마린스키극장의 지휘자로 활동했고, 1917년 10월혁명이 일어나자 미국으로 망명하여 여유로운 여생을 즐겼습니다.

24세 때 철저한 실패를 경험한 라흐마니노프는 이후 음악가로서 정상에 올라서고는 내려온 적이 없습니다. 때로 19세기에서 벗어나지 못한 작곡가라는 평을 들은 그는 미국으로 망명한 후 작품을 거의 쓰지 않았습니다. 하지만 러시아 낭만주의를 대표하는 작곡가로 자리매김한 그의 음악은 계속 대중적 인기를 얻었고, 지금도 대중가요나 영화음악 등에 인용되고 있습니다.

교향곡 2번 E단조,

Op. 27

---

〈왕벌의 비행〉 편곡

---

〈보칼리제〉,

Op. 34

---

피아노 협주곡 2번 C단조,

Op. 18

---

파가니니 주제에 의한 광시곡,

Op. 43

---

## ♪ 인상주의 음악의 대표 주자, 드뷔시

19세기 중반 이후 유럽 문화의 중심지가 된 곳은 프랑스 파리였습니다. 모리스 마테를링크, 샤를 보들레르, 아르튀르 랭보 등의 문학가가 중심이 된 '상징주의' 문학은 직설 화법보다는 암시를 통해 아이디어를 나타내고 독자로 하여금 상상력을 불러일으켰습니다. 저변의

잠재의식과 내면적 느낌, 인간의 심리 상태 등을 은유로 표현하는 새로운 문학은 프랑스 문화의 새로운 부흥기를 열었습니다.

모호한 윤곽, 몽롱한 텍스처, 빛과 색의 유희로 대표되는 인상주의 화풍 역시 주목할 만했습니다. 에두아르 마네, 클로드 모네, 오귀스트 르누아르 등의 화가는 형태보다 색채를 우선시하며 즉각적이고 주관적인 인상을 담아냈습니다. 그들은 이전 시대와는 달리 눈에 비친 자연과 빛의 생동감 넘치는 모습을 자유롭게 표현했습니다. 빛의 흐름에 따라 보이는 대로 느끼는 것들을 그린 파리의 인상주의 화가들은 빛을 받은 사물은 한 가지 색이 아니라 정반대 색까지 담고 있음을 깨달았습니다. 19세기 후반 파리는 인상주의 자체였고, 마네의 〈풀밭 위의 점심〉에서 이어진 모네의 〈해돋이〉는 인상주의 회화의 절정을 이루었습니다.

인상주의 음악의 대표 주자 클로드 드뷔시(1862~1918)는 파리 근교에서 태어나 10세 때 파리음악원에 입학했습니다. 18세부터 작곡을 공부하기 시작하여 1884년에는 프랑스 작곡가들에게 주어지는 가장 큰 상인 '로마대상'을 수상하는 등 음악가로서 입지를 다졌습니다.

드뷔시의 음악에 영향을 미친 것 중 하나는 인도네시아 가믈란 음악의 독특한 음색이었습니다. 파리만국박람회에서 자바와 캄보디아 등의 동양음악을 듣고 이국적 정서에 눈을 뜬 그는 그 세계를 인상주의 회화와 결합하여 그려냈습니다. 이 시기의 대표적 작품이 피아노 모음곡 〈판화〉입니다. 〈탑〉, 〈그라나다의 저녁〉, 〈비 오는 정원〉은 각각 버마의 탑, 스페인의 풍경, 프랑스 정원을 나타내며, 이국적이고 순수한 인상주의 작품으로 손꼽힙니다.

드뷔시의 인상주의는 새로운 아이디어로 전통에 도전하여 음악사에 한 획을 그었습니다. 그의 가장 유명한 오케스트라 작품은 〈목신의 오후의 전주곡〉(1894)입니다. 상징주의 시인 스테판 말라르메의 시에 바탕한 공상적이고 암시적인 작품입니다. 이 곡으로 새로운 양식을 수립한 드뷔시는 바그너 이후 가장 새로운 음악의 시작을 알렸습니다. 또한 인상주의 음악의 성숙기에 또 하나의 대담한 작품인 오페라 〈펠레아스와 멜리장드〉를 발표했습니다.

드뷔시의 또 다른 오케스트라 작품으로는 교향시 〈바다〉를 비롯해 3개의 녹턴, 3개의 교향적 스케치가 있으며, 피아노 작품으로 〈영상 1·2권〉, 〈어린이 세계〉, 〈전주곡집〉 등이 있습니다.

**드뷔시의 대표 감상곡**

〈베르가마스크 모음곡〉

모음곡 〈판화〉

〈목신의 오후의 전주곡〉

〈어린이 세계〉

〈영상 1권〉

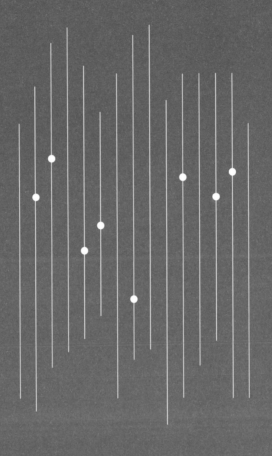

**Part. 3**

클래식을 듣는 시간

# 클래식
## 앞으로,
## 전진!

매해 1월 1일 낮 12시가 되면 오스트리아 빈에서는 신년 음악회가 열립니다. 1870년 건설된 무지크페어아인 극장은 빈 필하모닉 오케스트라가 상주하는 빈 최고의 연주 홀입니다. 그로스홀, 브람스홀, 메탈홀 등의 여러 홀 중에서도 가장 아름답고 고전적인 황금홀에서 신년 음악회가 개최됩니다.

신년 음악회가 처음 열렸을 때는 고전음악의 도시 빈답게 빈 왈츠의 대가 요한 슈트라우스 부자의 춤곡, 왈츠, 폴카 등으로만 프로그램을 구성했습니다. 현재는 춤곡으로 제한하지 않고 다양한 작곡가의 서곡을 비롯해 고전주의 시대에 빈에서 활동한 여러 작곡가의 작품을 연주하고 있습니다.

빈 신년 음악회는 프로그램에 표기되지 않은 앙코르곡이 연주된다는 암묵적인 규칙이 있습니다. 두세 곡의 앙코르곡 중 마지막은 반드시 요한 슈트라우스 1세의 〈라데츠키 행진곡〉입니다. 원래 클래식 공연에서는 악장과 악장 사이 또는 연주 도중에는 박수를 치면 안 되지만 〈라데츠키 행진곡〉만은 예외입니다. 청중은 박자에 맞춰 함께 손뼉을 치면서 연주에 동참합니다. 또한 어떤 지휘자는 지휘를 하지 않고 객석의 청중에게 마음을 표현하기도 합니다. 음악의 도시 빈의 수준 높은 청중에 대한 예를 다하는 것이죠. 그래서 이 곡은 오케스트라와 객석의 벽을 넘어 모두가 하나 될 수 있는 대표적인 음악으로 꼽힙니다.

행진곡의 제목인 라데츠키는 오스트리아제국의 장군 이름입니다. 나폴레옹전쟁 시기에 활약한 요제프 라데츠키 장군은 1848년 쿠스토차전투에서 이탈리아 무장 저항 세력을 진압하고 대승리를 거두었습니다. 요한 슈트라우스 1세는 이 승리를 기념하면서 오스트리아 황실에 대한 애정을 나타내기 위해 〈라데츠키 행진곡〉을 작곡했습니다. 오스트리아에서 환영받는 이 곡은 반대로 이탈리아에서는 연주 금지곡까지는 아니지만 무대에 오르는 일이 거의 없습니다.

〈라데츠키 행진곡〉은 밝고 경쾌한 분위기 덕분에 축하 파티나 여러 기념 음악회에서도 자주 연주됩니다. 그럴 때면 신년 음악회처럼 항상 청중이 박수를 치며 함께 호흡합니다. 이 음악은 오스트리아 국가대표팀의 축구 경기에서도 청중과 소통하는 역할을 하고 있습니다. 작곡 배경을 떠나서 많은 이의 사랑을 받는 〈라데츠키 행진곡〉을 새해 첫날에 들으며 클래식의 세계로 전진해보면 어떨까요?

연주 빈 필하모닉 오케스트라
지휘 구스타프 두다멜

더 들어보면 좋은 곡
피아니스트의 Pick

요한 슈트라우스 2세, 왈츠 〈봄의 소리〉, Op. 410
요한 슈트라우스 2세, 폴카 〈사냥〉, Op. 373
요한 슈트라우스 2세, 왈츠 〈아름답고 푸른 도나우〉, Op. 314

# 삶을
# 예술로

○────────────────────

바흐,
무반주 첼로 모음곡 1번

바로크 음악의 거장 요한 제바스티안 바흐는 오페라를 제외한 거의
모든 장르에서 걸작을 남겼습니다. 하지만 그는 오르간과 하프시코
드의 즉흥연주에 능한 푸가의 귀재로 독일 지역에 알려졌을 뿐, 낭만
주의 시대에 재평가받기 이전에는 큰 명성을 얻지 못했습니다. 그는
평생을 성실한 음악인이자 가장, 신앙인으로 살았습니다. 교회에 소
속된 음악가로 의무를 다했기 때문에 다른 외부 활동은 생각하기 어
려웠습니다.

바흐는 1717년부터 바이마르 북쪽의 도시 쾨텐에서 궁정 악장
으로 일하기 시작했습니다. 쾨텐 교회의 레오폴트공은 음악적 안목
이 높고 바이올린, 비올라다감바 등을 다룰 수 있는 아마추어 연주자
였습니다. 그는 바흐에게 20명이 넘는 연주가로 구성된 악단을 관리
하도록 했습니다. 합창곡 '칸타타'를 작곡하는 일을 제외하면 쾨텐의
칼뱅파 교회의 업무는 바흐에게 크게 부담스러운 일이 아니었습니다.
또한 기악곡을 좋아하는 레오폴트공 덕분에 바흐는 자유롭게 여러 악
기를 위한 작품들을 쓸 기회가 생겼습니다.

바흐의 쾨텐 시대는 비록 궁정과 교회에 속해 있었지만, 협주곡
같은 이탈리아 기악곡과 실내악곡 등에 몰두하며 창작 능력을 극대화
하고 삶을 음악으로 가득 채운 행복한 시기였습니다. 그는 대부분의
건반악기를 위한 작품과 바이올린, 플루트 그리고 첼로를 위한 무반

주 모음곡을 이때 작곡했습니다.

고전적 춤곡 알르망드(독일 계통의 빠른 춤곡), 쿠랑트(이탈리아 계통의 발랄한 춤곡), 사라방드(스페인 계통의 느린 춤곡)와 지그(2분의 1박자의 영국 춤곡)를 중심으로 한 고전적 춤곡에 프렐류드(전주곡)와 미뉴에트, 가보트(중간 빠르기의 춤곡)를 비롯한 새로운 춤곡을 더한 무반주 첼로 모음곡, BWV 1007~1012는 음악사에서 가장 위대한 작품 중 하나입니다. 반주가 없어서 자칫 지루해질 수 있는 독주 악기로서의 첼로의 장점을 최대한 발휘해 단조로움을 극복했습니다.

20세기의 첼로 거장 파블로 카잘스는 오랫동안 역사 속에 묻혀 있던 바흐의 무반주 첼로 모음곡을 세상에 알렸습니다. 스페인 바르셀로나음악원 재학 시절 우연히 한 서점에서 낡은 악보를 발견한 그는 10년 넘도록 악보를 연구한 끝에 바흐의 무반주 첼로 모음곡을 부활시켰습니다. 특히 모음곡 1번은 역사상 무반주 첼로를 위한 곡 중 최고의 작품으로 꼽힙니다. 그중 첫 곡인 '프렐류드'가 인상적입니다. 첼로의 다양한 기교와 풍부한 음악적 요소를 담은 이 곡이 사랑받는 가장 큰 이유는 '친근함' 때문입니다. 바흐가 음악으로 삶을 채운 시기의 작품 무반주 첼로 모음곡의 프렐류드에 손을 내밀어보면 어떨까요? '음악의 아버지'의 인자한 미소와 함께 첼로 선율이 반겨줄 것 같습니다.

[첼로] 미샤 마이스키

더 들어보면 좋은 곡
피아니스트의 Pick

바흐, 무반주 바이올린 모음곡 3번, BWV 1009

# 나의
# 아침이
# 되어주세요

하이든,
교향곡 6번 〈아침〉

하이든은 다른 천재적 작곡가들과 달리 20대 후반 이후에야 음악가로 인정받기 시작했습니다. 30세 무렵부터 에스테르하지 가문의 음악가로 일한 그는 평생 동안 안정된 직장에서 작품 활동을 할 수 있었습니다. 그러나 위촉받은 곡의 작곡은 물론 에스테르하지 가문 오케스트라의 음악 감독과 지휘, 단원 관리, 연주자 섭외 등의 여러 업무 때문에 고된 일상을 보냈습니다. 또한 업무 중에 일어나는 여러 갈등도 해결해야 했죠. 하지만 하이든은 큰 잡음 없이 모든 일을 성공적으로 해냈습니다.

하이든의 초기 교향곡 일부에는 각각 '아침', '점심', '저녁'이라는 부제가 붙어 있습니다. 이 작품들의 형태는 바로크 시대의 합주협주곡(몇 가지 독주 악기로 이루어진 소규모 집단과 대규모 합주단이 함께 연주하는 형식)이지만 형식은 고전 시대 교향곡의 틀을 갖추고 있습니다. 또한 현재의 오케스트라에서는 보기 어려운 하프시코드(쳄발로)가 통주저음을 담당합니다. 하이든은 현악 합주단에 목관악기와 금관악기를 덧붙인 소규모 2관 편성을 구성하기도 했는데, 이는 훗날 오케스트라 형태의 기준 중 하나가 되었습니다. 또한 그는 '빠름-느림-빠름'의 3악장으로 된 바로크 합주협주곡 형식에 귀족들의 춤곡 미뉴에트를 삽입하여 고전 시대 교향곡의 기틀을 마련했습니다.

교향곡 6번 D장조 〈아침〉은 해 뜨는 모습을 묘사한 듯한 느린 서주에 플루트로 종달새의 노래를 표현한 평온하고 잔잔한 작품입니다. 〈점심〉은 세 곡 중 악기 편성의 규모가 가장 크며 5악장으로 구성되어 있습니다. 〈저녁〉은 여름날 저녁 정원에서 열리는 만찬 같은 분위기를 나타냅니다.

이 작품들은 지인들과의 조찬 모임, 저녁 연회 등에 사용할 음악을 만들어달라는 에스테르하지공의 요청에 대한 성실한 답변입니다. 이른 아침 종달새의 지저귐과 오후의 활기, 저녁의 평온함을 담은 이 곡들은 후원자 에스테르하지공이 하이든으로 하여금 아침, 점심, 저녁 내내 음악적으로 살 수 있게 해준 것에 대한 보답 아니었을까요?

뜻을 펼칠 수 있도록 아낌없이 후원하고 변함없이 지지하는 사람과의 인연의 소중함이 느껴집니다. 하이든의 남다른 음악을 알아보고 '교향곡의 아버지'라는 업적을 남길 수 있도록 힘써준 에스테르하지 가문에 인사를 전하고 싶습니다. 자기 음악을 사랑해주는 사람을 위해 기꺼이 아침(또는 점심, 저녁)이 되어주는 마음. 클래식의 바다에 발을 내딛는 여러분은 매일 아침을 함께할 곡을 정하셨나요? 하이든의 교향곡은 어떤가요?

연주  노르웨이 체임버 오케스트라
지휘  스티븐 이설리스

더 들어보면 좋은 곡    하이든, 교향곡 7번 C장조 〈점심〉
피아니스트의 Pick    하이든, 교향곡 8번 G장조 〈저녁〉

# 그리운
## 나의
### 별

○————————————————

모차르트,
〈'아, 어머니께 말씀드리죠' 주제에 의한
12개의 변주곡〉

모차르트의 피아노 곡 중 가장 유명한 작품을 꼽자면 피아노 연습을 위한 교재 《소나티네 앨범》에도 수록되어 익숙한 소나타 16번입니다. 그다음으로 익숙한 곡은 바로 〈작은 별 변주곡〉입니다. 이 곡의 첫 부분이 음악회장에서 흘러나오면 "어, 반짝반짝 작은 별?"이라며 고개를 갸우뚱하다가 프로그램 노트를 뒤적이게 되지요. 단순하고 명료한 선율이 다채로운 변주로 펼쳐지는 이 작품의 원곡은 프랑스 민요입니다. 가사는 "아, 어머니께 말씀드리죠. 제 마음은 흔들리고 있어요. 아버지는 저한테 어른스러워지라고 하지만, 저는 어른들의 이야기보다는 달콤한 과자가 더 좋아요"라며 투정하는 철없는 아가씨를 묘사하고 있습니다.

　　신동이었던 모차르트는 6살 때부터 어머니 안나 마리아 곁을 떠나 유럽 전역을 돌며 연주 여행을 해야 했습니다. 아들의 천재성을 알아본 엄격한 아버지가 언제나 동행했습니다. 유년 시절의 연주 여행 때문에 어머니의 따뜻한 품을 누릴 여유가 없었던 모차르트는 나중에 어머니와 파리로 첫 연주 여행을 떠납니다. 하지만 어머니는 병을 얻어 고향으로 돌아가게 됩니다. 파리에서 환영받지 못한 모차르트는 인기와 명성을 되찾기 위해 분주하게 작품을 위촉받고 연주하느라 어머니와의 연락이 뜸해졌습니다. 결국 이듬해 어머니는 세상을 떠났고, 오로지 음악만 알았던 모차르트는 어머니의 죽음 앞에서 순간 어른이 되어버렸습니다.

1781년경 모차르트는 파리 여행에서 들은 민요의 주제를 바탕으로 〈'아, 어머니께 말씀드리죠' 주제에 의한 12개의 변주곡〉, K. 265를 썼습니다. 철부지의 투정 같은 가사와 담담한 피아노 선율을 통해 어머니와의 추억을 어른스럽게 그려냈습니다. 변주가 단조로 바뀌면서 왠지 모를 애잔함이 묻어납니다. 모차르트가 그리운 어머니를 부르는 것 같습니다.

이 곡이 영국에 전해지고 시인 제인 테일러(1783~1824)가 시를 붙임으로써 우리가 아는 〈반짝반짝 작은 별〉이라는 동요가 탄생했습니다. 〈반짝반짝 작은 별〉은 모차르트가 변주곡을 작곡하고 한참 뒤에 만들어졌습니다. 하지만 이 노래가 전 세계적으로 유명해져서 모차르트의 작품도 〈작은 별 변주곡〉이라고 알려지게 되었습니다. 많은 출판업자가 작은 별이란 제목을 그대로 사용했기 때문입니다.

〈작은 별 변주곡〉은 많은 매체를 통해 요즘도 자주 접할 수 있습니다. 일본 드라마 〈노다메 칸타빌레〉에서는 주인공 노다메가 모차르트처럼 차려입고 이 곡을 연주해 유럽으로 첫발을 내딛습니다. 피아니스트의 시작을 알리는 곡, 하늘의 별이 된 어머니를 그리며 작곡한 모차르트의 작품. 추억이 소원과 희망이 되는 작고 소중한 곡입니다.

피아노 | 막달레나 바체프스카

더 들어보면 좋은 곡  
피아니스트의 Pick

모차르트, 피아노 소나타 8번 A단조, K. 308  
모차르트, 론도 D단조, K. 511

# 말없는
속작임

○────────

멘델스존,
〈무언가〉

가난과 불행으로 삶이 점철된 많은 작곡가와 달리 유대인 은행가 가문에서 태어나 훌륭한 교육을 받고 자란 펠릭스 멘델스존(1809-1847)의 작품은 그의 평온한 환경처럼 서정적이고 안정적인 멜로디를 담고 있습니다. 19세기의 모차르트라고 불릴 만큼 천재적이었던 그는 피아니스트이자 오르간 연주자이기도 했습니다. 그가 작곡한 피아노 작품 중에는 유려한 테크닉을 강조한 곡이 많습니다.

멘델스존의 피아노 작품 중 가장 중요한 음악은 〈무언가(無言歌)〉 곡집입니다. 그가 직접 제목을 붙였다고 추정되며 8권으로 이루어진 이 곡집은 48개의 짧은 소품이 여섯 곡씩 묶여 있습니다. 제목 그대로 가사 없이 피아노로만 연주하는 가곡이라고 할 수 있습니다.

〈무언가〉에서 가장 유명한 곡은 우리가 제목은 몰라도 한 번쯤은 들어본 음악입니다. 바로 〈봄노래〉라는 애칭이 있는 5권의 여섯 번째 곡, Op. 62-6입니다. 이 곡은 추운 겨울 끝에 찾아온 따뜻한 봄의 정취를 서정적으로 펼칩니다. 4분의 2박자의 보통 빠르기인 선율은 ARS 대기 음악, 벨소리, 배경음악 등으로 친숙한 이유를 금세 알 수 있을 정도로 한 번 들으면 잊히지 않습니다. 입춘 하루 전 태어나 따사로운 봄볕 같은 음악을 남긴 멘델스존을 가장 잘 나타내는 곡 아닐까요?

〈무언가〉 중 〈베네치아 곤돌라 노래〉라는 부제가 있는 Op. 30-6은 음악을 아름답게 묘사한 영화 〈원스〉(2009)에 삽입되기도 했습니다. 영화에는 음악을 좋아해 거리에서 노래하는 기타리스트이자 평범한 청소기 수리공인 남자 주인공과 아마추어 피아니스트지만 형편이 어려워 거리에서 잡지와 꽃을 파는 여자 주인공이 처음 만나 악기점으로 들어가는 장면이 나옵니다. 그때 악기점에서 여자 주인공이 〈베네치아 곤돌라 노래〉를 연주합니다. 가사 없는 음악으로 통한 두 사람은 친밀감을 느낍니다.

〈무언가〉는 세련된 로맨티시즘이 간결한 선율과 반주로 극대화되어 친화력이 높습니다. 전체를 듣는 데 걸리는 시간은 2시간이 채 되지 않습니다. 멘델스존의 피아니시즘을 흠뻑 느낄 수 있는 48개의 소품, 말하지 않아도 통하는 음악의 힘을 하나씩 느껴보면 어떨까요?

 〔피아노〕 다니엘 바렌보임

 〔피아노〕 조엘 하스팅스

더 들어보면 좋은 곡
피아니스트의 Pick
멘델스존, 론도 카프리치오소, Op. 14
멘델스존, 〈엄격 변주곡〉, Op. 54

# 가장
# 지적인
# 협주곡

많은 피아니스트에게 "가장 좋아하는 피아노 협주곡은 무엇인가요?"라고 질문하면 대부분 '베토벤의 〈황제〉'라고 대답합니다. 저의 지도 교수였던 맥 매크레이 선생님도 "협주곡 중의 협주곡, 협주곡의 황제"라고 말씀하셨고, 제가 이 곡을 학생으로서의 마지막 레슨에서 연주했을 때 '지적인intelligenct 연주'라고 칭찬해주셨습니다. 베토벤을 올바로 이해하고 연주했다는 데 뿌듯해했던 것이 기억납니다.

누구보다 훌륭한 피아니스트였던 베토벤은 5개의 피아노 협주곡을 작곡했습니다. 그중 가장 많이 연주되는 곡은 5번 〈황제〉, Op. 73 입니다. 베토벤의 협주곡뿐 아니라 모든 작곡가의 피아노 협주곡 중 최고라고 해도 과언이 아닙니다. 이전 시대 모차르트의 피아노 협주곡을 뛰어넘는 형식과 서사, 그리고 낭만주의 시대 작곡가들이 넘기 어려운 수준 높은 피아니즘을 동시에 지녔기 때문입니다.

베토벤이 이 곡을 작곡할 때의 유럽은 그야말로 혼란의 도가니였습니다. 나폴레옹이 전쟁을 계속했고, 베토벤의 후원자 루돌프 대공은 전쟁을 피해 도시를 떠나기도 했습니다. 베토벤은 홀로 루돌프 대공을 위해 피아노 협주곡을 썼습니다.

베토벤은 피아노 협주곡 5번에 대담해진 형식과 확장된 표현력을 담았습니다. 형식과 내용이 모두 발전했다는 의미입니다. 전체적으로 당당한 분위기를 풍기는 이 음악은 표제처럼 〈황제〉의 위용을 드러냅니다.

1악장은 오케스트라의 힘찬 E♭ 코드가 길게 울려 퍼지는 가운데 피아노 카덴차와 함께 시작합니다. 분산화음으로 시작하는 첫 부분은 모든 협주곡 가운데 가장 위엄 있습니다. 베토벤은 1악장의 마지막 부분에 "이 곡의 카덴차는 필요 없음"이라고 적었습니다. 이미 화려한 카덴차로 곡을 열었기 때문입니다.

2악장은 베토벤의 모든 느린 악장 중 가장 돋보입니다. 분명 고전주의적이지만, 쇼팽의 작품에 가득한 낭만성 못지않게 선율이 서정적이고 애틋합니다. 우아하고 고상한 아름다움입니다. 현악기의 전주 후에 이어지는 피아노 선율은 곧 변형되며 아련함을 더해갑니다. 베토벤은 2악장과 3악장을 연결하여 연주하도록 했습니다. 3악장의 첫머리를 2악장의 마지막에서 느린 템포로 선보이며 곧 빠르고 화려한 악상을 펼쳐갑니다.

〈황제〉는 베토벤의 모든 피아노 협주곡 중 가장 규모가 크고 가장 긍정적인 에너지를 지니고 있습니다. 난해하거나 불편하지도 않아서 즐겁게 감상할 수 있습니다. 또한 연주자와 감상자 모두에게 따뜻한 감성과 함께 지적 아름다움을 전합니다.

---

| 연주 | 베를린 필하모닉 오케스트라 |
| 지휘 | 레너드 번스타인 |
| 피아노 | 크리스티안 지메르만 |

---

더 들어보면 좋은 곡
피아니스트의 Pick

베토벤, 피아노 협주곡 3번 C단조, Op. 37
베토벤, 피아노 협주곡 4번 G장조, Op. 58

# 천상의
# 노래

모차르트의 오페라 〈피가로의 결혼〉은 피가로의 결혼식 전후로 벌어지는 소동을 다루고 있습니다. 등장하는 모든 아리아가 잊기 힘들 만큼 아름다운 선율로 가득한 것으로 유명합니다. 특히 〈편지의 이중창(포근한 산들바람)〉은 서정성의 끝판왕이라고 할 정도로 눈물 나게 아름다운 멜로디가 인상적입니다.

오페라의 등장인물 알마비바 백작은 로지나를 아내로 맞이하는데, 막상 결혼식이 다가오자 피가로의 약혼자 수잔나에게 흑심을 품습니다. 수잔나와 백작 부인은 이를 알아차리고 계략을 세우죠. 로지나는 수잔나에게 '오늘 밤 정원에서 만나자'는 편지를 써서 백작에게 보내라고 합니다. 그리고 백작의 시종 케루비노를 변장시켜 수잔나 대신 정원으로 나가게 한 뒤 백작을 골탕 먹일 생각이었습니다. 이때 로지나와 수잔나가 함께 부르는 노래가 〈편지의 이중창〉입니다. 한 구절씩 편지를 받아 적는 내용으로 구성되어 있습니다.

〈편지의 이중창〉은 영화 〈쇼생크 탈출〉(1995)의 한 장면에도 등장하여 많은 사랑을 받았습니다. 살해 누명을 쓰고 쇼생크 교도소에 들어온 은행 간부 앤디 듀프레임(팀 로빈스 분)은 교도소장의 신임을 얻어 도서관에 배치됩니다. 어느날 앤디는 도서관에서 모차르트의 〈피가로의 결혼〉 음반을 발견합니다. 그는 이 노래를 모든 수감자가 들을 수 있도록 스피커를 통해 방송합니다. 그리고 규정 위반으로 독방으로 끌려가죠.

언뜻 생각하면 이 아름다운 아리아는 강력범들이 수감된 쇼생크 교도소를 배경으로 한 영화의 음악으로 잘 어울리지 않습니다. 또 원래 〈피가로의 결혼〉은 모차르트가 자유분방한 귀족들을 풍자하려고 만든 작품이어서 가사에 큰 의미가 있는 것도 아닙니다. 하지만 천상의 소리와도 같은 선율 그 자체가 재소자들의 마음을 어루만졌습니다. 희망이라고는 없는 암담한 교도소의 재소자들이 일제히 스피커를 바라보며 음악에 빠지는 모습은 이 영화에서 가장 인상 깊은 장면입니다.

극중 앤디에게 많은 도움을 받은 레드(모건 프리먼 분)는 이 노래를 듣고 "짧은 순간에 쇼생크의 모두는 자유를 느꼈다"라고 말합니다. 아름다운 선율이 짧게나마 영혼의 자유를 가져다준 것입니다. 모차르트 음악의 힘입니다. 절대적 아름다움을 추구한 고전주의 음악의 힘일 수도 있습니다. 음악이 나오는 그 짧은 부분을 〈쇼생크 탈출〉의 최고 명장면으로 꼽는 이유이기도 합니다.

| 연주 | 메트로폴리탄 오페라 |
| 지휘 | 제임스 레바인 |
| 소프라노 | 체칠리아 바르톨리, 르네 플레밍 |

더 들어보면 좋은 곡
피아니스트의 Pick

모차르트, 〈피가로의 결혼〉, K. 492 중 〈더 이상 날지 않으리, 나비야〉
모차르트, 〈피가로의 결혼〉 서곡

# 광활한
# 대륙을
# 질주하듯

○————————————

글린카,
오페라 〈루슬란과 류드밀라〉 서곡

미하일 글린카(1804~1857)는 러시아 작곡가로는 거의 최초로 서유럽에 이름을 알린 인물입니다. 민족주의적 음악을 바탕으로 한 그는 서유럽 중심의 음악에서 탈피하여 러시아 고유의 음악 어법을 기반으로 세련된 음악을 만들었습니다.

　　1828년 즈음 이탈리아에서 오페라를 접한 글린카는 러시아어 오페라를 창작하기로 마음먹었고, 이 결심은 곧 러시아 국민주의 음악으로 이어졌습니다. 그는 러시아적 요소들을 세련된 방법으로 관현악곡에 녹여내는 재능이 있었습니다. 1844년 파리에서 베를리오즈의 관현악을 통해 색채적 효과의 감동을 경험한 그는 자신의 관현악곡을 더욱 발전시켰습니다. 그의 작풍은 이후 밀리 발라키레프(1837~1910), 세자르 큐이(1835~1918), 알렉산드르 보로딘(1833~1887), 모데스트 무소륵스키(1839~1891), 림스키코르사코프(1844~1908)를 가리키는 러시아 5인조 작곡가들에게 영향을 미쳤습니다.

　　1837~1842년 글린카가 작곡한 두 번째 오페라 〈루슬란과 류드밀라〉는 러시아의 민담과 전설을 담은 푸시킨의 풍자시에 바탕했습니다. 작품 전반에 화려한 장면들이 등장하며 시종일관 신비롭고 환상적인 내용이 가득합니다. 특히 막이 오르기 전에 연주되는 서곡이 오페라보다도 유명하지요. 쏜살같이 달려가는 신나고 경쾌한 멜로디 덕분에 음악회에서 따로 연주되는 경우가 많습니다. 한때 KBS의 광

고 시그널로 많이 쓰였기 때문에 중장년층은 이 음악이 익숙합니다.

거센 바람을 가르며 러시아의 눈 덮인 평야를 신나게 달리는 말이 연상되는 빠른 템포의 예리한 선율은 러시아의 민속적 색채와 함께 글린카의 독특한 음악적 특징을 담고 있습니다. 난관을 극복하고 류드밀라와의 사랑을 이루는 루슬란의 테마를, 리듬감 넘치는 도입부에서 이어지는 첼로의 선율이 표현합니다. 용감한 루슬란의 모습을 나타내는 호방한 선율 외에, 류드밀라를 납치한 어두운 분위기의 악마에 관한 선율도 매력적입니다. 지루한 일상에 생기를 불어 넣어 줄 음악으로도 손색 없습니다. 작품의 배경이나 내용을 모르고 그저 듣는 것만으로도 힐링할 수 있습니다.

지루하고 스트레스 가득한 일상에 활력을 불어 넣는 음악으로 이 곡을 택하면 어떨까요? 세로토닌과 도파민의 수치를 높여 마음을 어루만지는 유쾌한 음악의 힘을 느껴봅시다.

연주  국립 심포니 오케스트라
지휘  최영선

더 들어보면 좋은 곡   글린카, 〈스페인 춤곡〉 2번 〈여름밤 마드리드의 추억〉
피아니스트의 Pick

# 자연과 우주의
# 진리?
# 음악으로 그린
# 철학?

영화 〈2001 스페이스 오디세이〉(1968)에서 유인원이 처음으로 도구를 사용하는 충격적인 장면에 흐르는 음악을 기억하시나요? 고요한 트럼펫 선율 뒤에 쿵쾅거리는 팀파니 소리. 한 번 들으면 선율이 잊히지 않는 이 곡은 리하르트 슈트라우스(1864~1949)의 대표작인 교향시 〈차라투스트라는 이렇게 말했다〉, Op. 30입니다. 니체의 동명 저서를 음악으로 표현한 작품입니다.

리하르트 슈트라우스는 후기 낭만주의 시대의 화려하고 웅장한 오케스트라 음악을 성립한 작곡가입니다. 바그너 이후 가장 뛰어난 작곡가 중 한 사람으로 꼽히는 그는 독일 후기 낭만파의 마지막을 대표합니다.

〈차라투스트라는 이렇게 말했다〉는 오르간을 포함한 대편성 작품이지만 자유로운 소나타 형식을 취하고 있습니다. 가장 유명한 서주가 끝나면 〈세계 너머의 세계를 믿는 자들에 대하여〉로 이어지며 저음의 현악기 선율이 우주의 원리에 대해 질문합니다. 중세 그레고리오 성가 중 〈사도신경〉의 모티프를 인용하면서 신앙에 대한 의지도 표현합니다.

뒤이어 〈크나큰 동경에 대하여〉의 다소 밝은 주제가 솟아오르는 듯이 계속됩니다. 중간중간 성모 찬가의 선율이 등장하며 뒤얽힙니다. 삶의 의지, 생에 대한 욕구를 표현한 에너지 넘치는 악장입니다.

이 곡의 클라이맥스는 격정적인 오케스트라의 악상에서 이어지는 〈환희와 열정에 대하여〉입니다. 이어지는 〈무덤의 노래〉는 제목처럼 소멸을 뜻하는 듯 가라앉은 분위기로 시작합니다. 〈학문에 대하여〉는 넓고 깊은 학문을 뜻하듯 푸가의 복잡한 주제가 이어집니다. 서주에 나온 트럼펫의 주제가 변형되어 등장하는데, 곡 전체에서 가장 난해한 부분입니다. 〈병이 치유되어가고 있는 자〉에서는 우울감이 고조되다가 무언가가 해결되는 것처럼 회복의 선율이 등장합니다. 가장 순수한 아름다움을 보여주는 〈춤의 노래〉를 거쳐 도달하는 〈밤의 나그네의 노래〉는 고요한 결말을 암시합니다.

낭만적 서사를 담은 〈차라투스트라는 이렇게 말했다〉는 반음계와 불협화음을 적절히 사용하여 적절한 긴장과 이완을 보여줍니다. 슈트라우스는 이 곡은 니체가 그린 '미래를 창조할 수 있는 초인'을 시적으로 나타낸 작품이라고 말했습니다. 즉, 슈트라우스가 이해한 니체와 그의 철학에 대한 공감을 바탕으로 자신의 주관적 견해와 감동을 표현한 것입니다. 자연과 우주의 진리를 30분 남짓한 시간에 담아낸 음악의 철학과 표현력이 새삼스럽게 다가옵니다.

연주 로얄 콘서트헤보우

지휘 마리 얀손스

더 들어보면 좋은 곡
피아니스트의 Pick

슈트라우스, 교향시 〈돈키호테〉, Op. 35 서곡
슈트라우스, 교향시 〈영웅의 생애〉, Op. 40

# 질풍
# 노도

○————————————
모차르트,
교향곡 25번

모차르트의 일생을 그린 영화 〈아마데우스〉(1985)의 첫 장면은 평생 동안 그의 그늘에 가려 2인자로 살았던 안토니오 살리에리의 울부짖음으로 시작됩니다. 피를 흘리며 쓰러져 있는 살리에리의 모습 위로 흐르는 음악이 바로 모차르트의 첫 번째 단조 교향곡인 교향곡 25번 G단조, K. 183의 1악장입니다. 모차르트의 다른 교향곡과 달리 비극적 정서가 가득한 이 음악은 조성이 같은 교향곡 40번과 종종 비교되며 '작은 단조 교향곡'이라고 불립니다.

교향곡 25번에는 1773년 모차르트가 빈을 여행하던 당시 유행한 '질풍노도Strum und Drang'의 영향이 나타나 있습니다. 특히 4대의 호른을 사용한 대규모 편성을 염두에 둔 만큼 음향이 전반적으로 풍부합니다. 고전음악 평론가 알프레트 아인슈타인(1880~1952)은 이 곡을 두고 모차르트가 이탈리아부터 빈을 여행하며 경험한 일련의 개인적 고뇌를 매우 완성도 높게 표현했다며 격찬했습니다.

1악장은 격앙된 듯한 표정을 담은 1주제, 이와 대조적으로 다소 낙천적인 느낌의 2주제가 조화를 이루고 있습니다. 다른 작곡가들과 달리 모차르트는 인생의 고통을 작품에 직접적으로 나타내지 않는데, 이 곡의 1악장은 예외적입니다. 촘촘하게 전개되는 주제들이 다양한 리듬, 폭넓은 음정과 함께 강렬한 인상을 남깁니다. 섬세한 우아함이 돋보이는 2악장은 바이올린과 바순의 대화로 시작하며 우수에 차 있습니다. 유일한 장조 악장인 2악장에서는 오페라 아리아처럼 발랄한 주제가 갑작스럽고 짧게 등장합니다. 3악장은 관악기군과 현악기군의 강약 대비가 두드러지는 짧은 악장입니다. 4악장은 1악장과 같은 분위기로 시작됩니다. 긴장감 넘치는 흐름 속에서 1악장의 주제가 리듬감 있고 강렬한 선율로 다시 등장합니다. 반복되는 1악장의 주제는 카타르시스를 느끼게 합니다. 또한 1악장보다 더 성숙하고 기품 있는 전개로 깊은 울림을 주며 청년 모차르트의 고뇌와 성장을 직접적으로 나타내고 있습니다.

영화 〈아마데우스〉의 유명세 덕분인지 이 곡은 흔히 '모차르트의 첫 번째 걸작'이라고 평가받습니다. 다른 작품에 잘 나타나지 않은 다소 염세적인 정서도 담겨 있는 이 곡은 투명함과 영롱함으로 대변되는 모차르트의 마음 깊은 곳에 감추어진 또 다른 일면을 보여줍니다. 빈에서 '질풍노도'를 경험한 그가 인간의 개성과 자유를 억압하는 봉건 질서에 느낀 반감의 표현이기도 합니다.

연주 빈 필하모닉 오케스트라
지휘 레너드 번스타인

더 들어보면 좋은 곡
피아니스트의 Pick

모차르트, 교향곡 29번 A장조, K. 201
모차르트, 교향곡 40번 G단조, K. 550

# 아카데미아

브람스,
〈대학 축전 서곡〉

서곡은 원래 오페라나 모음곡의 첫 부분에 연주되는 음악입니다. 특히 고전주의 시대에 주요 선율과 내용을 짐작하게 해주는 독립적이고 수준 높은 소나타 형식의 서곡이 많이 작곡되었습니다. 하지만 낭만주의 시대에는 오페라와 무관한 '연주회용 서곡'이 활발하게 작곡되었습니다. 다양한 표제를 붙일 수 있는 10분 정도 길이의 관현악 작품에는 '서곡'이란 장르가 제격이었습니다.

〈대학 축전 서곡〉, Op. 80은 브람스의 관현악 작품 중 〈비극적 서곡〉과 함께 가장 유명합니다. 1879년 3월, 브람스는 브레슬라우대학교에서 명예 철학 박사 학위를 받았습니다. 명예 박사 학위 수여에 주도적인 역할을 한 브레슬라우 관현악협회의 지휘자 베하르트 숄츠는 학위 수여를 기념하는 짧은 오케스트라 작품을 제안했습니다.

그래서 브람스는 당시 대학생들 사이에서 잘 알려진 4개의 〈학생의 노래〉를 연결하여 자유로운 서곡을 작곡했습니다. 그의 작품 대부분이 무겁고 신중하며 고독감과 우울함이 묻어나는 데 비해 이 곡은 유쾌함이 가득합니다.

헝가리 민요 〈라코치 행진곡〉과 유사하고 팀파니와 큰북의 리듬이 인상적인 도입부가 지나면 〈우리는 훌륭한 학교를 세웠다〉라는 장엄한 첫 학생가가 등장합니다. 이후 〈나라의 아버지〉, 〈신입생의 노래〉, 〈환희의 노래〉가 자연스럽게 이어집니다. 〈나라의 아버지〉는 빠른 템포의 서정미가 돋보이고, 〈신입생의 노래〉에서는 축제를 즐기는 패기 넘치는 대학생의 모습이 상상됩니다. 마지막으로 등장하는 〈환희의 노래〉, 일명 '가우데아무스'는 지성의 전당인 아카데미아 학생들의 학문에 대한 열정과 진리 탐구의 기쁨을 노래로 들려줍니다.

브람스의 명예 박사 학위 증서에는 그가 "현시대 진지한 음악의 대가들 가운데 첫 번째"라고 쓰여 있습니다. 최고의 찬사가 아닐 수 없습니다. 브람스는 〈대학 축전 서곡〉을 완성하고 곧 피아노 곡으로 편곡하여 평생의 마음속 연인 클라라 슈만에게 생일 선물로 헌정했습니다. 어려운 형편에 독학으로 공부한 그는 명예 학위를 받은 답례로 이 곡을 작곡하여 정규 교육을 받지 못한 아쉬움을 시원하게 풀어냈습니다.

〈대학 축전 서곡〉은 전통적인 고전 기법에 낭만주의의 표현성을 불어 넣은 브람스의 작곡 기법을 충분히 드러내면서도 여느 작품과 달리 경쾌하고 인간미가 넘칩니다.

연주 파리 오케스트라
지휘 파보 예르비

더 들어보면 좋은 곡    브람스, 〈비극적 서곡〉, Op. 81
피아니스트의 Pick

# 탐욕의
# 아리아

○──────────

바그너,
오페라 〈발퀴레의 비행〉

리하르트 바그너(1813~1883)의 작품은 쉽게 권하기 어렵습니다. 클래식 애호가들도 그의 작품을 감상하기를 주저합니다. 먼저 무엇보다도 방대한 규모에 놀라기 때문이죠. 바그너의 대표작 〈니벨룽의 반지〉는 총연주 시간이 16시간을 넘는 대작입니다. 길고 장대하며 때때로 지루하기까지 한 그의 작품들을 좋아하는 '바그네리안'도 있긴 하지만 대부분의 사람들은 엄두를 내지 못합니다.

바그너는 어릴 때부터 음악적 재능보다는 문필가로서의 능력이 돋보였습니다. 극작가를 꿈꾸던 소년은 베토벤의 교향곡 〈합창〉을 들은 후 음악가가 되기로 결심합니다. 라이프치히대학교에서 잠시 작곡을 공부한 바그너는 대부분의 시간 동안 음악을 독학했고, 뛰어난 문학적 능력을 발휘해 '종합예술'에 관한 자신만의 음악적 철학을 정립합니다.

바그너는 연극과 음악을 통합한 새로운 오페라를 '종합예술 작품'이라고 칭했습니다. 음악적 상상력과 풍부한 문학적 능력의 결합이었습니다. 〈탄호이저〉와 〈로엔그린〉에서는 고대 전설과 신화를 소재로 직접 대본을 쓰고 음악적 연속성을 강조하는 등 자신만의 개성 넘치는 악극을 구축했습니다. 특히 〈니벨룽의 반지〉는 〈라인의 황금〉, 〈발퀴레〉, 〈지크프리트〉, 〈신들의 황혼〉 4개의 오페라 연작극으로, 바그너가 연속성을 최대한으로 발휘한 대작입니다.

두 번째 작품 〈발퀴레〉 중 〈발퀴레의 비행〉은 바그너의 작품 가운데 가장 인상적인 음악으로 손꼽힙니다. 발퀴레는 북유럽 신화에 등장하는 여신입니다. 전쟁에서 숨진 전사들의 영혼을 신들의 우두머리 오딘에게 데려가는 역할을 하죠. 그녀의 모습을 호전적으로 묘사한 이 곡에는 바그너의 음악적 성격이 잘 스며 있습니다. 관악기의 트레몰로와 현악기의 빠른 패시지, 호른과 바순으로 이어지는 붓점이 발퀴레의 모습을 표현합니다. 앞으로 다가올 전쟁을 위해 전사자들의 영혼을 모으는 오딘을 위해 날개 달린 말을 타고 분주하게 하늘을 오르내리는 발퀴레의 모습을 긴장감 있게 나타냈습니다.

〈발퀴레의 비행〉은 베트남전쟁을 소재로 한 영화 〈지옥의 묵시록〉(1979)에도 삽입되어 유명합니다. 전투 장면의 배경음악으로 사용된 이 곡은 헬리콥터에서 총알이 빗줄기처럼 쏟아지는 모습을 더욱 효과적으로 만듭니다. 전쟁의 잔혹함과 인간의 무감각한 잔인성이, 전쟁을 대비하는 오딘에게 수많은 영혼을 배달하는 '발퀴레의 비행'과 잘 어울립니다. 이상적인 종합예술을 꿈꾼 바그너의 열망이 집약된 듯한 이 음악은 가사가 없는 오케스트라 곡에서 더 극적인 면이 부각됩니다.

연주 베를린 필하모닉 오케스트라

지휘 제임스 레바인

더 들어보면 좋은 곡
피아니스트의 Pick

바그너, 오페라 〈탄호이저〉 서곡과 행진곡

바그너, 오페라 〈로엔그린〉

# 운명의
# 수레바퀴

오르프,
〈카르미나 부라나〉

《카르미나 부라나》는 중세 골리야드(여러 나라를 돌며 학문에 정진하는 학생과 성직자)가 쓴 노래와 시를 수록한 시가집입니다. 종교적인 내용의 시 외에도 중세의 글이라고 생각하기 어려울 정도로 사랑의 노래, 술과 도박의 노래, 풍자의 시 등 다양한 주제를 담고 있습니다. 13세기부터 전해졌다고 보기에는 다소 외설적이고 세속적인 내용을 다루고 있습니다.

1936년 독일 작곡가 카를 오르프(1895~1982)는 그중 24편을 골라 독창과 합창으로 구성한 칸타타 〈카르미나 부라나〉를 발표했습니다. 기악 반주를 동반한 독창과 합창을 위한 '칸타타'의 기본에 충실한 구성입니다.

〈카르미나 부라나〉는 오르프를 세상에 알린 대작입니다. 그 자신도 이 작품을 출판하면서 "지금까지의 내 작품은 다 버려도 좋다. 내 음악은 지금부터 시작이다"라고 말할 정도였습니다. 그는 초기 작품에서 리하르트 슈트라우스나 드뷔시의 영향을 받았지만 이 작품으로 독자적 스타일을 정립했습니다.

중세 건축물처럼 안정적이면서도 역동적인 에너지를 담고 있는 〈카르미나 부라나〉는 〈서주〉, 〈봄〉, 〈주막에서〉, 〈사랑의 정원〉, 〈블랑치플로와 헬레나〉 5개의 큰 부분으로 구성되어 있습니다.

우리나라에서는 첫 곡 〈운명의 여신이여〉가 광고 음악을 통해 많이 알려졌습니다. 원시 종교를 나타내는 듯한 강렬한 선율이 가사와 무관하게 큰 흡입력을 발휘합니다. 가사를 살펴봐도 기독교적 색채를 느끼기 어렵습니다. 달리 말하면 '세속적인 찬미가'라고 할 수 있을 듯합니다.

세속 시가집 《카르미나 부라나》에는 행운의 여신에 관한 삽화가 등장합니다. 여신은 운명의 바퀴 한가운데 있고, 인간은 바퀴 곳곳에 매달려 있습니다. 바퀴의 맨 위에서는 왕관을 쓴 인물이 "지배하라"라고 외치며 위용을 자랑하고 있습니다. 하지만 바로 오른쪽 아래에는 "지배했도다"라는 과거시제 문장이 쓰여 있습니다. 또한 바퀴 밑에 깔린 인간은 "이제 왕국을 잃었다"라며 절망하고 있습니다. 그러나 한편으로는 위를 바라보고 "지배할 것이다"라고 말하며 희망을 품습니다. '운명의 수레바퀴' 은유는 인생의 끊임없는 변화, 그리고 부와 권력의 일시적 속성을 강렬하게 상기시키는 메시지입니다.

오르프는 〈카르미나 부라나〉를 오라토리오 형식으로 작곡했습니다. 또한 대위법을 자제하고 화성감을 극대화하여 중세 교회풍의 음향뿐 아니라 19세기와 20세기의 화성을 결합한 독특한 작곡 어법을 보여주고 있습니다.

연주 WDR 심포니 오케스트라
지휘 크리스티안 마셀라루

더 들어보면 좋은 곡
피아니스트의 Pick

그레고리오 성가 중 〈디에스 이레〉

# 5백 년 전으로
# 떠나는
# 여행

던스터블,
모테트 〈당신은 참 아름답다〉

존 던스터블(1390~1453)은 후기 중세와 초기 르네상스 시대 영국의 다성음악 작곡가입니다. 수학자이면서 천문학자이기도 한 그의 작품들은 필사본으로 잘 남아 있습니다. 그는 기욤 뒤파이(1400~1474), 질 뱅슈아(1400~1460) 등의 부르고뉴 악파에 영향을 미친 인물로 평가되고 있습니다. 부르고뉴 악파는 중세 말기의 음악과 대조적으로 솔직하고 친숙한 양식을 따르면서 3도를 포함한 화음을 잘 사용하여 화성적 울림이 풍성한 작품을 많이 남겼습니다.

던스터블은 3도, 6도 등의 화음을 적절하게 사용하여 탁월한 화성 감각을 발휘했습니다. 그래서인지 5백 년이 훌쩍 지난 지금 들어도 어색하지 않습니다. 그가 남긴 작품은 미사곡, 모테트, 세속 노래 등 60여 곡인데, 대부분 교회음악이고 세속 노래는 다섯 곡뿐입니다. 미사곡은 통상문(미사에 사용되는 키리에, 상투스, 크레도, 아뉴스데이 등의 곡들) 전체가 아닌 〈글로리아〉나 〈크레도〉 등 하나의 악장만 있는 작품이 대부분입니다.

세속 모테트 〈당신은 참 아름답다〉는 던스터블의 작품 중 가장 유명합니다. 라틴어 가사는 구약성서 〈아가(솔로몬의 노래)〉에 나오는 사랑의 시가 중심입니다. 기존의 선율을 인용하지 않고 새롭게 작곡한 것도 당시 작품으로서는 특기할 만한 일입니다.

3성부 합창 중 위의 두 성부는 상대적으로 밀접하게 들리고, 맨 아래 성부는 두 성부보다 많이 낮습니다. 모든 성부의 리듬이 비슷하고, 주요 성부가 3도와 6도 화음의 조화를 이루며, 동시대의 곡보다 불협화음이 적은 편이어서 편안합니다.

또 포부르동(가짜 베이스라는 뜻으로 일종의 즉흥연주 형태) 기법을 사용하고 성가의 선율을 사용하지 않았습니다. 한편으로는 가사 전달에 신경 쓰면서 구절 끝마다 종지를 배치하여 음악적 일치감을 보여줍니다. 가사의 구와 문장의 끝에 항상 종지를 두어 가사 대부분의 같은 음절을 모든 성부가 동시에 부르도록 했습니다.

던스터블 특유의 스타일을 잘 보여주는 〈당신은 참 아름답다〉는 당시 영국 작곡가들이 1도, 4도, 5도, 8도의 완전 음정보다 3도와 6도에 바탕하여 풍성한 화성으로 표현력 있는 선율을 작곡했음을 증명합니다. 이 아름다운 작품은 가장 편하게 감상할 수 있는 르네상스 이전 음악 중 하나입니다. 아름다운 당신을 만나기 위해 잠시 5백 년 전으로 여행해볼 것을 권합니다.

합창 콰이어 클리블랜드

더 들어보면 좋은 곡
피아니스트의 Pick

기욤 뒤파이, 미사곡 〈무장한 남자〉 중 〈아뉴스데이〉

기욤 뒤파이, 모테트 〈최근에 핀 장미꽃들〉

# 마음 울적한 날에
# 거리를
# 걸어보고

모차르트,
피아노 협주곡 21번

피아노 신동이었던 모차르트는 어린 시절부터 자신이 만든 곡을 직접 연주하며 인기를 끌었습니다. 그가 작곡한 27개의 피아노 협주곡은 현대 음악회의 단골 레퍼토리이기도 하지요. 그중 우리에게 잘 알려진 작품은 아마도 협주곡 21번, K. 467일 것입니다. 장년층에게는 그룹 마로니에가 부른 〈칵테일 사랑〉의 가사 "모차르트 피아노 협주곡 21번" 덕분에 제목이 낯설지 않습니다. 그보다 나이 많은 세대는 스웨덴 영화 〈엘비라 마디간〉(1963)에서 이 곡을 만났을 것입니다. 옛날 영화를 좋아하는 젊은 친구들도, 유튜브에서 피아니스트 손열음의 연주를 찾아 보는 클래식 마니아들도 이 작품, 특히 2악장을 잘 아는 경우가 많습니다.

　　모차르트는 작품을 쓰고, 연주하고, 지휘도 했기 때문에 피아노 협주곡의 지휘자와 협연자 역할을 동시에 해냈습니다. 주로 의뢰받아서 곡을 쓴 그는 특히 피아노 협주곡을 일생 동안 꾸준히 작곡했습니다. 이 장르는 천재 피아니스트의 역량을 가장 잘 드러낼 수 있었습니다. 영화 〈아마데우스〉에서 모차르트가 협주곡 22번, K. 482의 마지막 악장을 연주하는 장면을 통해 당시의 음악회 모습을 살펴볼 수 있습니다.

　　1875년 모차르트가 작곡한 3개의 피아노 협주곡은 특유의 음악성을 잘 드러냅니다. 20번, K. 460은 그의 유일한 단조 피아노 협주곡으로, 피아노와 오케스트라의 조화가 교향곡처럼 탄탄합니다. 21번도 20번처럼 형식적 관현악법을 충실히 지키지만 성격은 사뭇 다릅니다. 폭풍우가 휘몰아치는 듯 다소 무거운 20번과는 달리 우아하고 사랑스러운 느낌의 21번은 맑고 투명한 모차르트의 음악을 대표하는 것 같습니다.

C장조의 선명한 선율로 시작하는 피아노 협주곡 21번의 1악장은 아침을 시작하는 음악으로도 손색 없을 만큼 건강한 즐거움을 드러냅니다. F장조의 2악장에서는 잔잔한 셋잇단음표의 오케스트라 반주 위에 사랑스러운 피아노 멜로디가 등장합니다. 피아노와 오케스트라가 정답게 대화하는 부분은 영화 〈엘비라 마디간〉의 엘비라와 식스틴 대위의 마지막을 떠올리며 감상해도 좋을 것 같습니다. 긴장감 없이 평온한 2악장의 감미로움 뒤에는 모차르트의 여느 협주곡에서 느낄 수 있는 발랄하고 유쾌한 마지막 악장이 따라옵니다.

이미 대중음악이 된 고전주의 피아노 협주곡의 최고봉인 협주곡 21번. 사랑하는 연인의 귓가에 들려주고 싶은 이 곡을 마음 울적한 날 들어보면 어떨까요?

피아노 손열음(2011년 제14회 차이콥스키 콩쿠르)

더 들어보면 좋은 곡
피아니스트의 Pick

모차르트, 피아노 협주곡 20번 D단조, K. 460
모차르트, 피아노 협주곡 22번 Eb장조, K. 482
모차르트, 피아노 협주곡 23번 A장조, K. 488

# 거울처럼
# 맑은
# 물속에

슈베르트,
피아노 5중주 〈송어〉

아직도 슈베르트의 〈송어〉를 〈숭어〉라고 헷갈리는 분이 있나요? 슈베르트는 바다가 없는 오스트리아에서 태어나 평생 해외로 나가본 적이 없습니다. 숭어는 바닷고기인데, 설마 슈베르트가 바다를 헤엄치는 숭어의 모습을 봤을까요? 그가 음악으로 나타낸 풍경은 '강가에서 뛰노는 송어'가 틀림없습니다.

슈베르트는 어릴 때부터 상당히 내성적이었습니다. 작품들도 수줍고 겸손한 그의 성격처럼 유연하고 서정적입니다. 고전주의 음악을 완성한 베토벤과 비슷한 시대에 살았지만 음악적으로는 매우 달랐습니다. 규모가 큰 장르보다는 아기자기한 작품들과 잘 어울린 그는 시와 음악을 결합한 예술가곡 장르를 탄생시켰습니다.

슈베르트의 가장 유명한 가곡 중 하나인 〈송어〉는 1817년 그를 지지하는 친구들의 모임 '슈베르티아데'에서 처음 연주되었습니다. 독일 낭만파 시인 크리스티안 슈바르트(1739~1791)의 시에 곡을 붙인 이 작품은 "거울 같은 강물에 송어가 뛰노네. 화살보다 더 빨리 헤엄쳐 노네. 나그네는 길을 멈추고 언덕에 앉아 거울 같은 강물의 송어를 바라보네"라는 가사로 시작합니다. 서정적이면서도 밝은 느낌이 가득한 이 작품을 부른 인물은 당시 유명 바리톤이었던 미하엘 포글(1768~1840)입니다. 그는 슈베르트의 작품을 널리 알리기 위해 기회가 될 때마다 슈베르트의 곡을 노래했습니다.

슈베르트는 시의 핵심을 정확하게 이해하고 가사에 곡을 얹었습니다. 아름다운 목소리를 위해 만들어낸 선율들은 서정적이고 풍부한 감성을 담은 피아노와 잘 어우러졌습니다. 슈베르트는 평범한 시를 이제껏 나온 적 없는 극적이고 표현적인 최상의 가곡으로 재탄생시켰습니다.

슈베르트는 〈송어〉를 작곡한 지 2년이 지난 여름 포글과 함께 슈타이어 지역에 머물며 연주 여행을 겸한 휴가를 즐겼습니다. 그곳에서 부유한 광산업자 질베스터 파움가르트너를 알게 되었습니다. 아마추어 첼로 연주자이기도 했던 파움가르트너는 가곡 〈송어〉를 듣고 감동하여, 이 노래의 주제를 담은 실내악 작품을 만들어달라고 의뢰했습니다. 슈베르트는 피아노, 바이올린, 비올라, 첼로, 더블베이스로 구성된 피아노 5중주, D. 667을 만들면서 4악장에 〈송어〉의 선율을 넣었습니다. 청량함이 느껴지는 5개의 변주곡으로 구성된 4악장은 가곡과 더불어 슈베르트의 대표작이 되었고 지금도 많은 사랑을 받고 있습니다.

---

연주 유하니 라게르스페츠, 시니 시모넨, 스티븐 댄,
프란츠 오르트너, 미카엘 자이프리트

---

더 들어보면 좋은 곡
피아니스트의 Pick

슈베르트, 가곡 〈송어〉, D. 550

슈베르트, 피아노 3중주, D. 897

# 미니멀리즘의 역설

글래스,
〈미친 질주〉

1979년 11월, 제14대 달라이 라마가 미국의 세인트 존 더 디바인 성당에 입장할 때 성당 안은 오르간 소리로 가득 채워졌습니다. 현대음악 작곡가 필립 글래스(1937~)의 〈미친 질주Mad Rush〉(1979)가 연주되었기 때문입니다. 이 작품은 달라이 라마의 미국 방문을 기념하는 한편 티베트인들을 위한 위로와 중국을 향한 평화적 메시지를 담고 있습니다. 'Mad Rush'를 직역하면 미친 질주지만, 사실 음악과 제목이 역설적입니다. 이 곡은 같은 패턴이 계속 차분하게 반복되기 때문입니다.

일정한 패턴을 느리게 반복하는 이 곡을 들으면 리듬과 형식의 미묘한 변화를 느낄 수 있습니다. 최소한의 소재를 점차 변형시켜 강렬한 리듬과 선율에 도달하고 다시 사라지는 듯한 악상으로 마무리하면서 명상적이면서도 꿈틀거리는 에너지를 담고 있습니다. 그래서 때로는 역설적인 제목 '미친 질주'가 더 설득력 있게 들립니다. 초연 당시에는 오르간으로 연주되었지만 이후 대부분의 공연에서 피아노로 연주되며, 때때로 두 피아니스트가 함께 연주하기도 합니다.

글래스는 전위적이고 과장된 현대음악과 거리가 있는 '단순'하고 '명료'한 아이디어로 작품을 만들고자 했습니다. 그러다가 음악이 성립하는 데 절대적인 요소인 '반복'에 집중하기 시작했습니다. 실제로 단순한 소리와 음악을 구분하는 기준 중 하나는 반복의 패턴입니다. 예를 들어 빗방울 떨어지는 소리는 단순히 소리일 뿐이지만, 반복해서 들으며 일정한 패턴을 찾을 수 있다면 음악에 비유할 수 있죠.

음악의 절대적 요소인 반복의 구조는 어느 시대에나 전통적으로 사용되었지만, 글래스는 특별히 이를 강조하여 '미니멀리즘 minimalism'이라는 새로운 사조를 만들었습니다. 시카고대학교에서 수학과 철학을 공부한 경험, 영화음악 작업과 인도 음악 공부를 통해 '반복'과 '박자'의 특별함을 인식한 결과입니다.

독자적 미니멀리즘을 구축하던 글래스는 1980년대를 지나면서 극음악과 영화음악 등 여러 장르에서 대중과 호흡하며 현재까지 왕성하게 활동하고 있습니다. 비서구적 음악으로 유명한 영화 〈쿤둔〉(1997)의 음악을 담당하기도 했습니다. 또 영화 〈트루먼 쇼〉(1998)에서 주인공이 잠드는 모습이 대형 모니터에 나타날 때 방송국 스튜디오 한쪽에서 피아노를 연주하며 조용히 등장하기도 했죠. 박찬욱 감독의 영화 〈스토커〉(2013)의 영화음악에도 참여하는 등 알고 보면 우리에게 상당히 익숙한 그의 〈미친 질주〉로 21세기 음악으로의 질주를 시작해볼까요?

피아노 필립 글래스

더 들어보면 좋은 곡
피아니스트의 Pick

글래스, 〈투 페이지스〉

글래스, 영화음악 〈쿤둔〉

# 봄의
# 달빛

쇼팽,
피아노 협주곡 1번

쇼팽은 피아노로 시작해 피아노로 끝나는 '피아노의 시인'입니다. 독주곡이 2백 곡이 넘어서일까요? 피아노 협주곡은 아쉽게도 두 곡뿐입니다. 피아노 협주곡 1번, Op. 11은 실제로는 2번보다 나중에 완성한 곡입니다. 단지 출판 순서가 바뀌었을 뿐입니다.

피아노 협주곡 1번을 작곡할 당시 쇼팽은 한 여인을 짝사랑하고 있었습니다. 그래서인지 특히 2악장은 사랑에 빠진 그의 따뜻한 마음이 가득 담겨 있는 것 같습니다. 그는 절친 티투스 보이체호프스키에게 보낸 편지에서 2악장에 대해 이렇게 적었습니다.

"낭만적이고 조용하며, 반쯤 우울한 마음으로 즐거웠던 무수한 추억을 상기시키는 장소를 바라보는 듯한 인상을 일으키려고 했어. 예를 들면 아름다운 봄의 달빛이 어린 밤처럼."

이 곡은 1830년 10월 11일, 폴란드 바르샤바 국립극장에서 열린 쇼팽의 '고별 연주회'에서 처음 연주되었습니다. 협연자는 쇼팽 자신이었습니다. 고국을 떠나는 슬픔과 짝사랑하는 여인과 이별하는 아쉬움이 교차하는, 봄밤의 애처로움을 담은 가을날의 연주였습니다.

음악사에서 쇼팽의 위치나 업적을 비교할 만한 인물은 없다고 봐도 무방합니다. 평생 동안 피아노 곡만 작곡한 음악가도 없었고, 독특한 서정성을 자연스러운 밀고 당김인 루바토를 통해 표현한 음악가도 없었습니다. 듣는 이의 가슴을 파고드는 직접적인 낭만성을 이렇게 표현한 음악가도 없었습니다. 그래서 쇼팽의 작품은 어떤 설명도 필요 없습니다.

피아노 협주곡 1번의 1악장은 당당하면서도 어딘가 모르게 비장한 분위기의 첫 번째 주제를 제시하면서 시작합니다. 두 번째 주제는 현악기가 연주하는 가요풍의 선율입니다. 다시 첫 주제가 연주되고, 긴장감 넘치는 코다를 지나 장대하게 끝맺습니다. 2악장은 템포가 느린 로망스 악장입니다. 현악기들이 여리게 도입부를 이끌고, 이어서 피아노가 노래하는 듯한 주제 선율을 연주합니다. 달빛 같은 느낌으로 가득한 악장입니다. 중단 없이 이어지는 3악장은 생기 넘치는 도입부로 시작하는 론도 악장입니다. 하나의 주제를 반복하며 에피소드를 넣는 형식으로 생기발랄한 주제와 교차되는 에피소드가 돋보입니다.

피아노 협주곡 1번은 오케스트라의 비중이 다른 피아노 협주곡보다 매우 적습니다. 그래서 어떤 비평가는 쇼팽이 피아노 솔로를 돋보이게 하느라 관현악 파트에 신경 쓰지 못했다고도 말합니다. 하지만 이 곡은 협주곡이라는 장르를 뛰어넘어 가장 아름답고도 독특한 피아노의 훌륭함을 보여줍니다. 오히려 피아노에 대한 더없는 애정과 함께 오케스트라 부분을 심사숙고하여 작곡한 쇼팽의 섬세함을 느낄 수 있습니다.

**피아노** 조성진(2015년 쇼팽 콩쿠르 결선)

더 들어보면 좋은 곡  쇼팽, 피아노 협주곡 2번 F단조, Op. 22
피아니스트의 Pick

# 봄,
# 시작

베토벤,
피아노와 바이올린을 위한 소나타 5번 〈봄〉

"봄에 들을 만한 클래식 곡 하나만 소개해주세요." 기나긴 겨울이 지나고 봄이 찾아오면 듣는 질문입니다. 봄과 관련된 클래식 작품은 적지 않습니다. 비발디의 〈사계〉 중 〈봄〉, 슈만의 교향곡 〈봄〉, 멘델스존의 〈무언가〉 중 〈봄노래〉 등등. 그중 익숙하지만 조금은 거리가 느껴지는 베토벤의 피아노와 바이올린을 위한 소나타(바이올린 소나타) 5번 〈봄〉, Op. 24를 권하고 싶습니다.

베토벤은 총 10개의 피아노와 바이올린을 위한 소나타를 작곡했습니다. 모두 그의 작곡 양식이 변화한 과정을 선명하게 보여줍니다. 그중 가장 많은 사랑을 받는 음악은 〈봄〉이라는 부제를 지닌 소나타 5번입니다.

'봄'이라는 제목을 베토벤이 직접 붙이지는 않았지만 이 곡의 따뜻하고 생기발랄한 느낌을 잘 나타냅니다. 사실 이 곡을 '봄'이라는 제목으로 한정해버리면 온전히 감상하는 데 방해가 될 수도 있지만, 첫 3개의 소나타가 모차르트의 작품에서 영향을 받았고 4번과 5번 소나타가 베토벤의 음악적 특징이 발현된 작품이라고 보면 적절한 제목입니다. 소나타 4번은 전체적으로 우울감이 느껴지는데, 소나타 5번인 이 곡은 반대로 활기차고 진취적입니다.

1악장에서 바이올린은 피아노와 함께 활발하게 대화합니다. 대등한 독주 악기로서 말입니다. 두 악기는 때론 다정하고 때론 서로를 질투하는 듯하면서도 낙천적인 대화를 계속합니다. 따뜻한 봄의 느낌이 잘 살아납니다. 바이올린 음색은 상큼하고 피아노는 온화합니다. 2악장은 자유로운 변주곡 형식입니다. 바이올린과 피아노가 대화를 이어가다가 위치를 조금씩 바꾸면서 변주를 진행합니다. 꿈꾸는 듯한 2악장은 봄볕을 받아 반짝이는 시냇물 같습니다. 3악장은 1분이 채 되지 않을 정도로 짧습니다. 4악장은 론도 악장으로 피아노에 이어 바이올린이 주제를 연주하고 이를 4차례 반복합니다. 마치 행복한 봄노래 같습니다.

KBS 드라마 〈내일도 칸타빌레〉(2014)에는 바이올린 전공자 유일락(고경표 분)이 차유진(주원 분)과 함께 이 곡을 연주하는 모습이 등장합니다. 소통과 협력이 부족한 두 사람이 서로의 소리를 들으며 함께 발전하는 장면입니다. 서로를 이해하고 맞춰가는 두 젊은 음악가의 '봄'이라고 할 수 있겠군요.

바이올린 안네 소피 무터
피아노 람베르트 오키스

더 들어보면 좋은 곡    베토벤, 바이올린 소나타 9번 A장조 〈크로이처〉, Op. 47
피아니스트의 Pick

# 뜨거운
# 사랑의
# 노래

슈만,
연가곡 〈미르테의 꽃〉

슈만은 클라라와 결혼할 때 피아노를 선물했습니다. 클라라는 슈만이 세상을 떠난 후에도 그 피아노를 계속 사용했습니다. 그의 사랑을 영원히 간직한 것이죠. 또한 슈만은 결혼하기 하루 전에 그 유명한 사랑의 노래 〈미르테의 꽃Myrthen〉, Op. 25라는 연가곡을 클라라에게 선물했습니다. 신부의 화관에 쓰이는 미르테는 향기가 곱고 하얀 꽃으로 순결을 나타냅니다.

슈만의 마음을 반영하듯 26개의 가곡으로 구성된 이 가곡집의 첫 번째 노래 이름은 〈헌정〉입니다. "그대는 나의 영혼, 나의 심장, 당신은 나의 기쁨, 나의 고통"으로 시작하는 이 곡은 일종의 청혼가입니다. 영원한 사랑을 맹세하는 슈만의 뜨거운 고백이죠.

원래 법대를 다니던 슈만은 뛰어난 피아노 교사였던 프리드리히 비크에게 피아노를 배웠습니다. 비크의 딸이었던 클라라와의 만남이 이때부터 시작되었습니다. 클라라는 실력이 뛰어난 소녀 피아니스트였습니다. 유럽 전역에서 활동하며 작곡까지 하던 클라라는 아버지의 눈을 피해 슈만을 만납니다.

하지만 아버지가 허락할 리 없었습니다. 형편도 좋지 않고 미래도 불확실하며 손가락까지 다친 법대생이라니요. 비크는 슈만을 미성년자 유괴죄로 고소합니다. 슈만 역시 지지 않고 맞고소를 했고, 길고 긴 법정 다툼 끝에 클라라가 성인이 되던 1840년에 둘은 결혼식을 올립니다.

　〈미르테의 꽃〉의 일곱 번째 곡은 하이네의 시에 음악을 붙인 곡으로, 느리고 절제된 극한의 서정성을 보여줍니다. 조성이 자주 변화하여 미묘한 아름다움을 느낄 수 있습니다.

　"연꽃은 찬란히 빛나는 태양이 두려워 머리를 숙이고는 꿈을 꾸면서 밤이 오길 기다립니다. 달은 그녀의 연인. 그가 달빛으로 그녀를 깨우면 연꽃은 자신의 순수한 얼굴을 행복하게 보여줍니다. 연꽃은 피어나고 빛나고 반짝입니다. 그리고 조용히 하늘을 응시합니다. 그녀는 향기를 발하고 흐느끼고 또 두려워합니다. 사랑과 그 사랑의 아픔 때문에."

　여기서 연꽃은 클라라입니다. 연꽃을 비추는 달은 슈만 자신입니다. 슈만의 내면에 '조용하고 낮은 목소리로 존재하던 단 하나의 힘', 클라라는 그에게 봄의 따사로움 같은 안식과 평화를 주는 밤에 피는 연꽃과 같습니다.

　〈미르테의 꽃〉은 슈만의 가곡집 중 비교적 초기에 작곡되었지만 이후의 작품들에서 나타나는 그의 음악적 특징을 모두 담고 있습니다. 그만큼 시의 뉘앙스를 아름답게 살린 성악 선율과 조화로운 피아노가 돋보입니다.

---

　바리톤 　헤르만 프라이

---

더 들어보면 좋은 곡
피아니스트의 Pick
　슈만, 연가곡 〈미르테의 꽃〉, Op. 25 중 〈호두나무〉

# 방랑

○────────────────────

그리그,
⟨페르 귄트 모음곡⟩ 중 ⟨아침 정경⟩

낭만주의 시대에는 연극음악, 극장음악, 무대음악이라고 불리는 다양한 극부수 음악이 모습을 드러냈습니다. 연극 대사를 가사로 삼은 음악들이 발표되었을 뿐 아니라, 서곡 외에도 잠시 장면이 바뀌는 동안 연주할 간주곡이나 막간음악 혹은 배경음악 등이 필요했기 때문입니다.

　　노르웨이 작곡가 에드바르 그리그(1843~1907)는 작가 헨리크 입센(1828~1906)의 요청을 받아 극부수 음악 ⟨페르 귄트⟩, Op. 23을 작곡했습니다. 다섯 곡의 전주곡과 행진곡, 춤곡, 합창곡 등 모두 23곡으로 구성한 그리그는 연극 상연이 끝난 후 각각 네 곡을 더 엮어서 ⟨페르 귄트 모음곡⟩ 1권, Op. 46과 2권, Op. 55로 출판했습니다. 오늘날에는 부수음악보다 이 모음곡이 훨씬 유명합니다.

　　연극 ⟨페르 귄트⟩는 어머니 오제와 사는 주인공 페르의 이야기를 그리고 있습니다. 원래 페르에게는 솔베이그라는 연인이 있었지만, 방탕한 그는 마을의 결혼식에서 신부를 납치해 산으로 도망갑니다. 하지만 그 신부도 곧 버리고 산속에서 마왕을 만난 후 도망쳐 고향으로 돌아가 자신을 기다리던 솔베이그와 함께 살아갑니다. 하지만 또다시 그녀를 버리고 어머니 집으로 돌아간 페르는 어머니가 곧 세상을 떠나자 바다로 모험을 떠납니다. 기나긴 방황 끝에 다시 고향으로 돌아온 그는 하염없이 자신을 기다리던 백발의 연인 솔베이그의 품에 안겨 숨을 거둡니다. "그대의 사랑이 나를 구해주었어"라는 말과 함께.

〈페르 귄트 모음곡〉 1권의 첫 번째 곡 〈아침 정경〉은 타고 있던 배가 풍랑으로 난파된 후 깨어난 페르가 바라보는 모로코의 아침 해안가를 그립니다. 원래 4막의 전주곡이었던 이 곡에서 클라리넷, 바순, 플루트가 햇살이 끝없이 퍼지는 고요한 아침 정경을 목가풍으로 노래합니다. 〈페르 귄트 모음곡〉에서 가장 유명한 부분입니다.

두 번째 곡 〈오제의 죽음〉은 페르가 마을에 돌아온 후 어머니 오제가 아들의 모험 이야기를 들으며 숨을 거두는 장면을 나타냅니다. 오랜만에 아들을 만난 어머니는 아들이 너무 반가웠고, 그의 품에서 세상을 떠날 수 있어서 행복했습니다. 약음기를 낀 현악기의 어둡고 쓸쓸한 선율이 죽음을 담담하게 그려내고 있습니다.

연주 코리아 솔로이츠 오케스트라
지휘 김봉미

연주 시애틀 심포니 오케스트라
지휘 토마스 다우스가드

더 들어보면 좋은 곡
피아니스트의 Pick
그리그, 〈페르 귄트 모음곡〉 2권, Op. 55 중 〈솔베이그의 노래〉

# 일요일의
# 음악

러시아의 민족주의 작곡가 알렉산드르 보로딘(1833~1887)은 다른 러시아 5인조 작곡가와 마찬가지로 평일에는 본업에 충실했습니다. 군의관으로 근무하기도 했던 그는 상트페테르부르크대학교에서 의학과 화학을 가르치는 교수로 연구와 강의에 몰두했고, 스스로를 '일요일의 작곡가'라고 부를 만큼 주말과 휴일에 작곡하는 집중력을 보였습니다. 본업 때문에 다작은 불가능했고, 한 작품을 쓰는 데 몇 년씩 걸리기도 했죠. 심지어 완성하지 못한 작품도 있었습니다. 하지만 그는 음악사에서 '가장 아름다운 실내악 작품'이라고 불러도 좋을 만큼 훌륭한 곡을 남겼습니다.

보로딘이 하이델베르크 유학 시절 만난 아내와의 결혼 20주년을 기념하기 위해 작곡한 현악 4중주 2번은 4악장으로 구성되어 있습니다. 길고 섬세하고 유려한 선율이 이어져 듣는 사람을 몰입시키고, 단순히 '아름답다'고 표현하기에는 부족한 특유의 매력이 넘칩니다. 결혼 이후 줄곧 병상에 누워 있던 아내를 위한 '변함 없는 사랑'의 표현으로 가득한 이 곡을 그는 다른 작품에 비해 짧은 2개월 만에 작곡했습니다. 그래서 이 작품을 많은 사람이 '사랑의 기적'이라고도 부릅니다.

러시아의 낭만적 정서가 가득한 1악장은 전반적으로 따뜻하고 풍요롭습니다. 바이올린과 첼로의 다정한 대화에서 느껴지는 따뜻한 에너지는 보로딘과 아내의 첫 만남을 그립니다. 2악장은 더 발전한 사랑의 감정을 나타내는 왈츠풍의 악장입니다. 역동적인 4악장도 끝까지 과장되지 않고 부담 없으며 자연스러운 긴장감과 잔잔한 아름다움을 나타냅니다.

현악 4중주 2번의 핵심인 3악장은 가장 널리 알려진 악장으로 최고의 몰입감을 자랑합니다. 저음부터 고음에 이르는 악기들의 균형 있는 조합이 돋보입니다. 보로딘이 달콤한 사랑의 밀어로 묘사한 선율들은 온화한 에너지와 몰입감을 담고 있습니다. 아내에 대한 깊은 사랑의 결실인 3악장은 밤의 정취를 담은 소품 '녹턴'이라는 부제를 지니고 있을 만큼 섬세하고 서정적입니다. 눈물 날 만큼 아름다우며, '일요일의 음악가'가 오랜 시간 섬세한 열정으로 차곡차곡 쌓아서 무엇과도 바꿀 수 없는 사랑의 탑입니다.

연주 엄단비, 손 리, 폴 누바우어, 데이비드 핑클

더 들어보면 좋은 곡   보로딘, 오페라 〈이고르공〉 모음곡
피아니스트의 Pick

# 기교를
# 뛰어넘는
# 서사

리스트,
〈초절기교 연습곡집〉

　　피아니스트 임윤찬의 2022년 반 클라이번 콩쿠르 세미파이널 무대는 그야말로 프란츠 리스트(1811~1886)의 환생을 보는 듯했습니다. 12곡에 담긴 각각의 서사를 완벽하게 풀어나가는 19세의 피아니스트에게 전 세계가 반해버렸습니다. 이전까지는 애호가로부터 크게 주목받지 못한 리스트의 〈초절기교 연습곡집〉, S. 139가 임윤찬 덕분에 많은 사랑을 받게 되었습니다.

　　잘 알려진 것처럼 리스트는 19세기의 가장 위대한 비르투오소 피아니스트였습니다. 청중을 몰입시키는 현란한 기교와 뛰어난 음악성 덕분에 요즘으로 치면 아이돌 같은 큰 인기를 얻었습니다.

　　리스트는 1826년에 〈12개의 연습곡〉, 1837년에 〈24개의 대연습곡〉을 썼고, 1851년 드디어 최고의 역작이라고 할 수 있는 〈초절기교 연습곡집〉을 완성했습니다. 이 작품에는 피아노에 관한 그의 변천사가 압축되어 있습니다. 뜨겁고 장대한 이 음악은 영웅적 주제, 황홀한 자연 풍경에 대한 찬미, 시적인 향수, 초월적인 경지 등 19세기 낭만주의가 지향한 모든 것을 담았다고 해도 과언이 아닙니다.

　　또한 각각의 제목도 해당 곡과 절묘하게 어울립니다. 꺼질 듯 여리지만 생생하게 연주해야 하는 〈도깨비불〉, 꽉찬 화음 표현이 필요한 〈사냥〉, 음울한 잔상 같은 〈환영〉, 그림과도 같은 장면 연출이 필요한 〈풍경〉, 〈밤의 선율〉, 〈눈보라〉 등. 그중 가장 극적인 감동을 주는 곡은 맹렬히 질주하는 말과 끌려가는 이의 고통을 동시에 표현해야 하는 〈마제파〉입니다. 단순히 기교만으로는 나타낼 수 없는 깊은 음악적 감수성을 담고 있기 때문입니다.

칠레 출신의 피아니스트 클라우디오 아라우(1903~1991)는 이렇게 말했습니다. "〈초절기교 연습곡집〉에서 리스트는 그가 등장하기 전까지 아무도 몰랐던 최고의 기교를 선보였다." 풍부한 음색과 표현력을 지닌 아라우는 〈초절기교 연습곡집〉을 70이 넘은 나이에 녹음했지만, 어떤 젊은 피아니스트에도 뒤지지 않는 기교는 물론 연륜에서 나오는 깊이와 재기 넘치는 연주를 보여줍니다. 특히 건반을 압도하는 〈마제파〉와 불꽃같이 피어오르는 〈10번 F단조〉가 압권입니다.

〈초절기교 연습곡집〉은 비르투오소 피아니스트라면 누구나 도전하고자 하는 작품입니다. 하지만 기교를 뛰어넘는 서사를 담은 연주를 하기에는 상당히 부담스럽기 때문에 많은 연주자가 레코딩은 물론 무대에 올리는 것도 주저합니다. 하지만 우리는 전 세계에 감동을 전한 젊은 피아니스트 임윤찬을 알게 되었으니 정말 반가운 일이 아닐 수 없습니다.

[피아노] 클라우디오 아라우

더 들어보면 좋은 곡    리스트, 〈파가니니 주제에 의한 6개의 대연습곡〉, S. 141
피아니스트의 Pick

# 지극히
# 인간적인

○───────────

하이든,
트럼펫 협주곡

이 곡의 멜로디를 모르는 우리나라 사람은 아마 없을 겁니다. 중장년층은 MBC에서 20년 가까이 방송한 프로그램 〈장학퀴즈〉의 시그널 음악으로, 어린이와 학부모들은 개그맨 유재석 씨가 등장한 학습지 광고의 음악으로 기억합니다. 또 2021년 최고의 화제작이었던 넷플릭스 드라마 〈오징어게임〉에서 게임 참가자들의 기상 음악으로도 쓰였습니다.

이렇듯 우리에게 너무도 익숙한 하이든의 트럼펫 협주곡은 그가 마지막으로 작곡한 협주곡입니다. 그는 런던 연주 여행을 마치고 빈으로 돌아온 후인 1796년 빈 궁정 트럼펫 주자 안톤 바이딩거를 위해 이 곡을 썼습니다. 이 곡은 기술적으로 무척 어려워서 당시는 물론 지금도 연주하기 만만치 않습니다. 새롭게 개발된 트럼펫으로 1798년 크리스마스 연주회에서 이 곡을 연주할 예정이었던 바이딩거는 연주를 포기했고, 오랜 연습 기간을 거쳐 1800년 3월에야 초연할 수 있었습니다.

전형적인 3악장으로 구성된 트럼펫 협주곡의 1악장은 오케스트라와 트럼펫이 주고받는 낙천적인 선율이 돋보입니다. 2악장에서는 하이든이 현악 4중주 D장조의 2악장에 담은 '황제 찬가'를 연상케 하는 선율이 서정적으로 흐릅니다. 가장 유명한 것은 론도 형식의 3악장입니다. 트럼펫 고유의 시원한 금속성 음색과 독주자의 뛰어난 기교가 잘 표현됩니다.

　이 곡을 작곡할 무렵 노년의 하이든은 젊은 시절부터 충직하게 에스테르하지 가문의 음악 감독을 맡으며 명성을 쌓았고, 경제적으로도 부족함이 없었습니다. 런던에서의 연주도 성공적으로 마쳤죠. 이 시기에는 귀족의 힘이 약해지고 오히려 음악가의 지위가 높아져 사회적으로 대우받는 프리랜서 작곡가들이 하나둘 나타나기 시작했습니다. 때문에 하이든도 예전처럼 에스테르하지 가문을 위해 일할 필요가 없었지만, 인품이 훌륭한 그는 기꺼이 음악 감독직을 다시 맡았습니다. 작곡은 물론 오케스트라 지휘와 관리, 연주자 섭외 등으로 바빴지만 오랫동안 자신이 안정적으로 음악 활동을 하도록 지지해준 후원자에 대한 보답이었을까요?

　트럼펫이라는 악기의 가능성을 충분히 보여준 이 곡은 노년의 파파 하이든의 인자함과 유머, 인간적 모습이 잘 묻어나는 불후의 명곡입니다.

| 연주 | 평창 페스티벌 오케스트라 |
| 트럼펫 | 알렉상드로 바티 |

더 들어보면 좋은 곡
피아니스트의 Pick

요한 네포무크 훔멜, 트럼펫 협주곡

# 영국
# 그
# 자체

엘가,
〈위풍당당 행진곡〉

19세기 중반부터 작곡가들은 행진곡 같은 다양한 소품을 쓰기 시작
했습니다. 축전이나 의식을 위한 이 음악은 적절한 의식을 고조하면
서 행사를 돋보이게 해주었습니다. 그중 가장 유명한 행진곡은 에드
워드 엘가(1857~1934)가 작곡한 관현악집 〈위풍당당 행진곡〉, Op. 39
입니다.

'위풍당당'이라는 제목은 영국의 대문호 윌리엄 셰익스피어
(1564~1616)의 희곡 〈오텔로〉 3막 3장에 나오는 대사에서 따왔습니다.

"울부짖는 군마여, 드높은 나팔소리여. 가슴을 뛰게 하는 북소
리여. 귀를 뚫을 듯한 피리 소리여. 저 장엄한 군기여. 명예로운 전쟁
의 자랑도, 찬란함도, 장관도 전부 끝장이다!"

〈위풍당당 행진곡〉은 스케르초와 트리오가 번갈아 나오는 유
기적 구조 덕분에 통일감이 있지만, 사실 엘가는 이 음악을 구성한 6
개의 곡을 서로 다른 시기에 작곡했습니다.

〈위풍당당 행진곡〉에서 가장 유명한 곡은 1번입니다. 4개의 주
제로 구성된 1번의 ABA 형식 중 B의 트리오 부분에 나오는 네 번째 주
제가 졸업식이나 행사, 각종 시상식에 자주 사용되기 때문입니다. 이
선율을 들은 에드워드 7세가 가사를 붙여서 자신의 대관식에 사용하
자고 제안함에 따라 아서 벤슨(1862~1925)의 시 〈희망과 영광의 나라〉
를 가사로 한 독립적 성악곡으로 재탄생했습니다.

당시 최강대국이었던 영국의 대관식에 쓰였으니 온 세계가 이 음악에 관심을 집중했습니다. 엘가도 작곡할 때 깊은 애국심 속에서 아낌없는 정성을 쏟아부었습니다. 이 곡을 들은 청중도 애국심을 고취했습니다. 제1차 세계대전 중에는 인기가 절정에 달했고, 현재 영국에서는 제2의 국가로 불리고 있습니다. 실제로 이 곡이 연주될 때 청중이 일제히 일어나 무릎을 굽혔다 펴는 퍼포먼스를 하기도 합니다.

엘가가 1905년 예일대학교에서 명예 박사 학위를 받을 때도 이 곡이 연주되었습니다. 이후 미국 대학교 졸업식의 개회식과 퇴장식에도 관례처럼 쓰이고 있습니다. 이탈리아에서는 〈신의 신성한 교회〉라는 제목의 전례 음악으로 사용되고 있습니다.

영국을 대표하는 작곡가 엘가는 오랫동안 독일, 이탈리아와 프랑스에 밀렸던 영국 음악의 위상을 세계적으로 드높이고 알렸습니다. 오라토리오, 칸타타 등의 대작을 많이 작곡했지만 대표작은 〈위풍당당 행진곡〉과 첼로 협주곡입니다. 〈사랑의 인사〉처럼 달콤하고 사랑스러운 소품도 빼놓을 수 없습니다.

연주 BBC 심포니 오케스트라
지휘 사카리 오라모

더 들어보면 좋은 곡  엘가, 〈사랑의 인사〉, Op. 12
피아니스트의 Pick  엘가, 첼로 협주곡 E단조, Op. 85

# 핀란드의
# 영웅

시벨리우스,
교향시 〈핀란디아〉

노르웨이, 스웨덴과 더불어 북유럽의 대표적인 복지국가로 꼽히는 핀란드는 중세부터 근대에 이르기까지 외세의 침략에 노출된 약소국이었습니다. 아름다운 호수와 산의 나라지만 13세기부터 스웨덴의 지배를 받았고, 1808년 러시아의 침공을 받은 후에는 러시아의 속국이나 다름없어졌습니다. 게다가 니콜라이 2세가 러시아 차르로 재위하던 시대에는 자치권마저 박탈당했습니다. 핀란드인들은 러시아의 지배 정책에 맞선 독립운동을 위해 문화 행사에 힘을 쏟았습니다. 1899년 국민들의 애국열을 높이고 독립운동 자금을 모으기 위한 일환으로 예술가들이 행사를 열고 〈예로부터의 정경〉이라는 역사 민족극을 발표했습니다.

19세기까지의 핀란드 역사를 6개의 장면으로 구성한 민족극의 음악을 담당한 작곡가가 바로 얀 시벨리우스(1865~1957)입니다. 그는 각 장면의 전주곡과 반주 음악 등을 작곡했고, 마지막에 힘찬 피날레 〈핀란디아 송가〉를 넣었습니다. 시벨리우스는 이 곡의 초연을 지휘한 후 마지막 부분을 교향시 〈핀란디아〉, Op. 26으로 재구성했습니다. 〈핀란디아〉는 종종 〈핀란디아 송가〉 합창과 함께 연주됩니다.

시벨리우스는 1900년 열린 파리만국박람회에서 〈핀란디아〉를 초연했습니다. 이를 계기로 세계는 음악으로 독립 의지를 밝힌 핀란드와 〈핀란디아〉, 그리고 시벨리우스에게 환호를 보냈습니다. 시벨리우스는 〈핀란디아〉로 세계적인 작곡가의 반열에 올랐습니다.

　　묵직하고 느릿한 금관악기의 서주로 시작되는 〈핀란디아〉 앞부분은 핀란드의 오랜 고난을 나타냅니다. 이어지는 현악기와 목관악기의 선율은 탄식에 가깝습니다. 금관악기의 팡파르와 함께 리듬이 빨라지고, 긴장감 넘치는 악구들이 심벌즈의 연타음으로 이어지며 클라이맥스에 이르면 합창이 등장합니다. 러시아를 물리친 당당한 조국 핀란드의 자유와 희망을 노래하는 끝부분의 〈핀란디아 송가〉는 뜨거운 애국심을 그대로 보여줍니다. 앞서 등장한 긴장감 넘치는 악구들은 "자랑스러운 아침이 시작되리라, 나의 조국이여"라는 합창과 함께 장대하게 끝납니다.

　　당시 러시아는 민족주의를 고취하는 이 곡의 연주를 금지했기 때문에, 많은 핀란드인이 러시아의 눈을 피해 〈핀란드에 봄이 찾아왔을 때의 행복〉이라는 제목으로 바꾸어 연주하기도 했습니다. 시벨리우스를 핀란드의 음악 영웅으로 만들어준 〈핀란디아〉는 8분가량으로 짧고 간결하지만 민족주의 음악답게 몰입도가 높습니다.

| 연주 | BBC 심포니 오케스트라 |
| 지휘 | 사카리 오라모 |

더 들어보면 좋은 곡
피아니스트의 Pick

시벨리우스, 바이올린 협주곡 D단조, Op. 47
베드르지흐 스메타나, 교향시 〈나의 조국〉

# 지극히
# 동양적인
# 플루트

윤이상,
플루트 협주곡

BTS를 비롯한 수많은 케이팝K-pop 가수들과 그들의 곡을 만든 프로
듀서들이 세계적으로 큰 인기를 얻고 있습니다. 이미 20세기에도 정
경화, 서혜경, 조수미 등의 클래식 음악인들이 유망 콩쿠르에서 입상
하며 이름을 널리 알렸고, 현재도 손열음, 조성진, 임윤찬 같은 젊은
클래식 스타들이 활발하게 활동하고 있습니다. 그럼 서양 음악사에서
높은 위치를 차지하는 우리나라 작곡가로는 누가 있을까요?

　　바로 윤이상(1917~1995)입니다. 통영 출신의 작곡가 윤이상은
어릴 때부터 풍금을 접하고 판소리 명창의 공연을 보며 자랐기 때문에
자신의 음악적 배경은 동서양을 가리지 않는다고 말했습니다. 그가 어
린 시절 통영에서 체험한 문화와 다양한 공연은 작품에서 우리나라를
비롯한 동아시아의 문화로 표현되었습니다. 그의 작품들은 형식적으
로는 서양음악의 틀을 따르지만, 음악적 내용은 〈가사〉, 〈가락〉, 〈율〉,
〈노래〉 등의 제목에서도 알 수 있듯이 상당히 한국적입니다.

　　윤이상의 고향 통영은 그의 업적을 기리고 전 세계의 젊고 재능
있는 음악인을 발굴, 육성하기 위해 2003년부터 윤이상 국제 음악 콩
쿠르를 개최하고 있습니다. 첼로, 피아노, 바이올린 부문을 번갈아 가
며 그의 기일 즈음인 11월 초에 개최합니다. 2019년 피아노 콩쿠르에
는 2022년 반 클라이번 콩쿠르 우승에 빛나는 피아니스트 임윤찬이 역
대 최연소로 참가하여 우승 트로피를 거머쥐었죠.

윤이상이 1977년에 작곡한 플루트 협주곡은 북부 독일 휴양지 히차커에서 매년 여름 음악 페스티벌을 개최하는 협회의 의뢰를 받아 쓴 곡입니다. 음악을 연주하기로 한 플루트 연주자는 뛰어난 기교와 빛나는 음색을 지닌 카를하인츠 췰러(1928~2005)였고, 지휘자는 피아니스트로 잘 알려진 귄터 바이젠보른(1911~2001)이었습니다.

윤이상은 당시 상황에 맞추어 플루트 독주자의 역량을 더욱 돋보이게, 오케스트라 부분은 소박하게 작곡했습니다.

이 곡은 고려가요 〈청산별곡〉과 여기서 영향을 받은 신석초(1909-1975)의 산문시 〈청산아, 말하여라〉에서 영감을 얻었습니다. 윤이상은 해방 전후 시기에 한 잡지에서 읽은 〈청산아, 말하여라〉의 '달빛이 비치는 절의 마당에서 소녀가 꾸는 신비스러운 꿈에서 깨어나는 장면'을 전체적 진행의 모티프로 삼았습니다.

첫 부분은 더블베이스의 고요한 리듬 위로 낮은 음의 플루트 솔로로 시작하고, 곧 목탁소리 같은 탐탐과 우드블록의 리듬이 교차하며, 현악기의 피치카토(현을 튕기는 주법)와 관악기가 등장하고 법고 소리 같은 작은북도 더해집니다. 현악기의 고음과 더불어 계속되는 플루트 소리는 대금을 연상시킵니다. 사찰의 분위기를 물씬 풍기는 이 부분은 바순, 호른 등이 더해지며 긴장감을 가득 담고 중간 부분으로 넘어갑니다.

빠른 악구로 시작하는 중간 부분에서는 특히 플루트 연주자의 역량이 필요합니다. 알토플루트의 파트가 끝나고 (일반) 플루트로 연주하는 중간의 느린 부분은 정적이면서도 에너지를 담고 있습니다. 그 에너지는 우드블록의 리듬과 함께 물 흐르는 듯한 오케스트라 파트에 이어 긴장감 넘치는 선율로 폭발하듯 떠오릅니다. 비브라폰 등 다양한 타악기와 함께하는 이 부분이 플루트 협주곡의 절정입니다.

법고를 연상케 하는 작은북의 리듬 이후 플루트의 카덴차가 플루트 연주의 모든 것을 보여줍니다. 고유의 음색은 물론이고 연속음과 트릴, 부유(浮游)하는 듯한 비브라토, 가볍게 건드리는 듯한 기법 등이 망라된 플루트의 모든 표현이 동양적 소리에 담겨 있습니다. 윤이상이 표현하고자 했던 황홀경 혹은 극락세계가 드러납니다.

다시 알토플루트로 연주하는 마지막 부분이 탐탐의 리듬과 함께 시작되고, 첫 부분보다 조금 변화한 듯한 선율이 썰매 방울, 공 등의 타악기와 함께 이어집니다. 수미쌍관을 떠올리게 하는 마지막 고요한 부분이 우드블록의 리듬과 함께 끝맺음합니다.

윤이상에게 플루트는 첼로와 더불어 음악적 자아를 가장 잘 표현할 수 있는 악기였습니다. 실내악곡을 포함한 그의 작품 중 플루트를 위한 음악은 모두 11편이나 됩니다. 플루트 협주곡에는 산조와 판소리의 영향을 받은 그의 작품 기법들이 잘 드러나 있습니다. 그는 이 작품을 뚜렷이 세 부분으로 구성하고 알토플루트-플루트-알토플루트를 교대로 사용했습니다. 전체적으로 단악장으로 구성되어 있지만 '느림-빠름-느림'으로 나뉘고, 템포가 빠른 중간 부분은 '빠름-느림-빠름'의 작은 단락을 이룹니다.

전체적 구조는 '무(無)'에서 이야기가 생성되는 가운데 사찰을 둘러싼 자연 속에서 한 인간이 갈등하는 모습과 신비로운 밤의 모습, 그리고 절정을 거쳐 현실로 돌아와 명상을 통해 아무것도 없는 처음으로 되돌아가는 모습을 나타냅니다. 윤이상의 음악적 특징 중 하나인 상승세의 분위기는 어떤 의미에서 해방이라고 생각할 수도 있지만, 한편으로는 해탈이나 열반에 이르는 과정이라고 볼 수도 있습니다.

플루트 협주곡은 서양 악기인 플루트의 탁월하고 유연한 음색과 표현력을 동양적 화법으로 제시하고 있습니다. 곡의 전반에 흐르는 플루트는 해금과 퉁소의 음색까지 표현하며 밀도감을 더해줍니다. 서양 청중에게는 이국적이고 동양적인 느낌을 주고, 우리에게는 따뜻하고 익숙하며 섬세한 감성을 전달하는 플루트 협주곡은 탁월한 연주력이 필요한 수준 높은 작품이어서 종종 국제 플루트 콩쿠르의 지정곡으로 채택됩니다.

윤이상은 "나는 아름다운 플루트 소리를 손상시키지 않기 위해 조심스럽게 작곡했다"라고 말한 바 있습니다. 섬세하게 채색된 오케스트라의 음향 위에 조심스럽지만 선명하게 표현된 유리알 같은 플루트 선율은 전체적으로 긴밀한 구성과 동양적 색채를 보여줍니다. 동아시아의 음악 전통과 유럽의 현대적 작곡 기법이 공존하는 윤이상의 플루트 협주곡이 더 많은 사람이 향유하는 레퍼토리로 거듭나기를 바랍니다.

[연주] 특별 편성 실내 오케스트라
[지휘] 다케시 오이
[플루트] 요시오카 지로

더 들어보면 좋은 곡
피아니스트의 Pick

윤이상, 관현악을 위한 〈바라〉
윤이상, 교향시 〈화염 속의 천사〉

# 한여름밤의 무도회

○————————————

쇼팽,
〈강아지 왈츠〉, 〈화려한 왈츠〉

피아노의 시인 쇼팽의 작품 중 가장 유명한 것은 무엇일까요? 너무 유명해서 수식어가 필요 없는 〈즉흥 환상곡〉? 많은 아마추어 피아니스트가 연주하겠다고 꿈꾸는 〈녹턴〉? 누군가는 꼬마 시절 피아노 학원에서 듣고 연습한 〈강아지 왈츠〉를 떠올릴 듯합니다.

〈강아지 왈츠〉는 왈츠, Op. 64-1의 애칭입니다. 쇼팽의 연인이었던 조르주 상드의 강아지가 제 꼬리를 물기 위해 뱅글뱅글 도는 모습을 보고 작곡했다는 일화가 전하는 곡입니다. 이 곡의 영어 제목은 'Minute Waltz'입니다. 1분 안에 연주한다는 뜻이라기보다는 '짧은 왈츠', '순간의 왈츠' 정도로 매우 짧은 곡이라는 의미입니다. 시작과 동시에 굉장히 빠른 템포로 연주하고 전개하고 끝내버리기 때문에 출판업자들이 이런 제목을 붙였죠.

쇼팽은 강아지의 애교처럼 가볍고 사랑스러운 이 곡 외에도 18개의 왈츠를 작곡했습니다. 그의 왈츠를 들은 슈만은 "그리운 추억과 이루지 못한 꿈들로 황홀감을 고조시킨다"라고 평했는데, 이에 꼭 맞는 작품은 〈화려한 왈츠〉, Op. 18입니다. 간결한 주제와 명확한 리듬이 돋보이는 이 곡은 우아한 서정성과 유쾌함을 동시에 드러냅니다. 팡파르풍의 서주에 이어지는 첫 번째 선율은 포물선을 그리는 듯 상승하다가 하강하며 반복됩니다. 경쾌한 리듬 위에 이어지는 3도와 6도 화음의 주제와 발랄한 선율의 반복이 연주자뿐 아니라 많은 감상자의 귀를 사로잡습니다.

　　원래 오스트리아에서 시작된 왈츠는 4분의 3박자의 대표적 춤곡입니다. 무도회를 위한 왈츠는 우아하면서도 편안했는데, 요한 슈트라우스 2세가 연주를 위한 음악으로 변모시켜 격을 끌어올렸습니다. 더 많은 사람이 음악회에서 수준 있는 작품들을 감상하게 한 것이죠. 요한 슈트라우스 2세가 왈츠를 무도회장에서 공연장으로 이끌었다면, 쇼팽은 피아노의 매력을 잘 살려 연주회용 왈츠의 격을 한층 높였습니다. 쇼팽의 왈츠로 한여름밤 피아노 위의 무도회를 만나보세요.

피아노 랑랑

피아노 랑랑

더 들어보면 좋은 곡
피아니스트의 Pick

쇼팽, 왈츠, Op. 64-1
쇼팽, 왈츠, Op. 34-1

# 맛있는
# 클래식

조아키노 로시니(1792~1868)는 음식을 탐하고 사랑을 느끼게 만드는 음악가입니다. 노벨문학상 수상자인 이탈리아 극작가 다리오 포(1926~2016)는 로시니의 음악에 대해 이렇게 말했습니다. "로시니의 음악을 들으면 정성껏 차려진 식탁에 둘러앉아 달콤한 분위기 속에서 맛있는 음식을 먹는 듯하다."

실제로 로시니는 요리를 매우 좋아했습니다. 그의 요리를 먹어본 사람들은 모두들 솜씨를 극찬했습니다. 또한 식재료에 관심이 많았던 그는 특히 송로버섯을 좋아해서 송로버섯을 찾는 돼지까지 직접 키울 정도였습니다.

로시니가 활동하던 당시의 인기는 베토벤을 능가했습니다. 그는 주로 해피엔딩으로 끝나는 대본을 좋아했는데, 〈빌헬름 텔〉, 〈세비야의 이발사〉, 〈도둑 까치〉 등은 모두 맛있는 요리 같은 작품이어서 관객들이 환호했습니다.

히트작을 연이어 발표하던 로시니는 갑자기 은퇴를 선언합니다. 그 이유는 바로 요리를 하기 위해서였습니다. 자신만의 요리법을 담은 요리책을 출간하고 새로운 메뉴도 개발할 정도로 열정적이었던 로시니는 요리를 위해 음악을 포기했습니다.

로시니의 오페라 중 가장 자주 연주되는 곡은 〈세비야의 이발사〉입니다. 프랑스 작가 피에르 보마르셰(1732~1799)의 희곡 〈세비야의 이발사〉에 곡을 붙인 작품으로, 내용을 보면 모차르트의 〈피가로의 결혼〉 후속작입니다. 줄거리는 여자 주인공 로지나에게 반한 알마비바 백작이 돈 많고 늙은 바람둥이 바르톨로를 따돌리고 사랑에 성공하여 행복하게 산다는 이야기입니다. 여기서 문제가 생길 때마다 이발사 피가로가 나타나 무엇이든 척척 해결해주고, 로지나와 알마비바 백작의 사랑을 연결해줍니다. 그는 이발도 하고 연주도 하고 사랑의 메신저 역할도 합니다.

〈세비야의 이발사〉에서 가장 유명한 음악은 피가로가 등장하는 1막의 경쾌한 아리아 〈나는 이 거리의 만물박사〉입니다. 이탈리아 오페라의 테너 아리아 중 쉴 새 없는 희극미로 가득 차서 인기 많은 곡 중 하나이기도 합니다.

"라란라레라, 라란라라! 비켜라, 이 몸은 거리의 만능 일꾼. 서둘러 가게로, 벌써 날이 밝았으니. 아, 이 얼마나 멋진 삶인가."

유쾌한 성격의 피가로를 잘 나타낸 아리아는 와인과 치즈를 곁들인 즐거운 식탁 앞에서 함께하는 유쾌하고 통쾌한 '맛있는 클래식'입니다.

---

테너 피에르토 스파그놀리

---

더 들어보면 좋은 곡
피아니스트의 Pick

로시니, 오페라 〈도둑 까치〉 서곡
로시니, 오페라 〈빌헬름 텔〉 서곡

# 한계를
# 뛰어넘는
# 음악

○─────────
파가니니,
〈24개의 카프리스〉 중 24번

'역사상 최고의 바이올리니스트는 누구인가?'라고 질문하면 거의 모두가 니콜로 파가니니(1782~1840)라고 말할 것입니다. 파가니니의 연주는 음반으로 남아 있지 않아서 오늘날의 바이올리니스트와 비교하기 어렵지만, 그가 남긴 작품들로 미루어볼 때 전설적인 기교파 바이올리니스트임에는 틀림이 없습니다.

파가니니는 놀랄 만한 연주력 때문에 '악마와 거래했다', '악마에게 영혼을 팔고 기교를 얻었다' 등의 무성한 소문의 주인공이 되었습니다. 하지만 이 이야기들은 그가 만들어냈을 가능성이 높습니다. 어릴 때부터 특이한 외모와 함께 뛰어난 연주로 주목받은 그를 가르쳤던 여러 스승은 더 이상 가르칠 것이 없다며 그를 돌려보냈습니다. 특히 유명 연주가였던 루돌프 크로이처(1766~1831)는 어린 파가니니를 보고 "악마의 환영을 보는 듯하다"라고 말했습니다. 이 말도 파가니니가 자신을 마케팅하기 위해 과장하여 퍼뜨린 듯합니다.

1817년 파가니니는 모든 바이올리니스트가 한번쯤은 도전하는 곡인 〈24개의 카프리스〉, Op. 1을 작곡합니다. 그는 다른 연주자들에게 자신의 기교를 알리기 위해 이 작품에 심혈을 기울였습니다. 기상곡이라고도 부르는 카프리스는 일정한 형식에 얽매이지 않은 자유로운 요소를 많이 포함한 연주곡을 뜻합니다.

〈24개의 카프리스〉 중 가장 널리 알려진 곡은 마지막 곡인 24번

A단조입니다. 이 곡은 단순한 주제로 시작해 점점 기교를 더해 어려워지고, 왼손의 피치카토, 하모닉스(현 위의 한 곳에 가볍게 손을 올려 배음을 얻는 고난도 주법) 등을 포함한 거의 모든 기교가 망라됩니다.

24번의 주제를 브람스는 〈파가니니 주제에 의한 변주곡 1·2〉, 리스트는 〈파가니니 주제에 의한 6개의 대연습곡〉, 라흐마니노프는 〈파가니니 주제에 의한 광시곡〉에 사용했습니다. 파가니니의 주제를 세 작곡가가 특색에 맞게 변형한 이 피아노 작품들을 연주하려면 매우 수준 높은 기교가 필요합니다.

독일 작곡가 자코모 마이어베어(1791~1864)는 '악마의 기교'라는 말보다 파가니니의 음악을 잘 표현하는 말을 남겼습니다. "한계라고 생각하는 곳에서 파가니니의 음악은 시작된다."

바이올린 막심 벤게로프

더 들어보면 좋은 곡
피아니스트의 Pick
브람스, 〈파가니니 주제에 의한 변주곡 1·2〉, Op. 35
리스트, 〈파가니니 주제에 의한 6개의 대연습곡〉, S. 141
라흐마니노프, 〈파가니니 주제에 의한 광시곡〉, Op. 43

# 미국
# 음악의
# 큰형

○────────────────────

코플런드,
〈보통 사람을 위한 팡파르〉

미국은 유럽에 비해 역사가 짧기 때문에 클래식 음악의 역사가 그리 길지 않습니다. 미국에서 활동한 드보르자크, 라흐마니노프, 쇤베르크도 유럽 출신이었습니다. 미국에서 성장한 작곡가는 매우 드뭅니다. 그런 점에서 애런 코플런드(1900~1990)는 미국에서 태어나 배우고 활동을 시작한 작곡가로 진정한 미국의 '국민 작곡가'입니다.

지휘자 레너드 번스타인(1918~1990)은 '미국적 음악이란 무엇인가'와 관련하여 '미국적으로 들리고, 미국적인 냄새가 나고, 들을 때마다 미국적이라고 느낄 수 있는 음악'이라고 언급했고, 코플런드의 다양한 음악을 '가장 미국적인 음악'으로 꼽았습니다.

1942년에 코플런드가 작곡한 〈보통 사람을 위한 팡파르〉는 원래 제2차 세계대전 희생자들을 위로하는 곡이었습니다. 장엄한 관악기의 선율로 시작하는 이 곡이 초연되었을 때 많은 사람이 그 강렬함에 반했습니다. 이후 텔레비전 쇼 시그널이나 드라마 배경음악으로 쓰이는 등 대중에게 매우 친숙한 곡이 되었죠. 번스타인은 이 곡을 비롯한 코플런드의 작품을 기회 될 때마다 미국 청중에게 소개했습니다. 특히 코플런드가 직접 소개하고 번스타인이 지휘봉을 잡은 '청소년 음악회'의 연주가 무척 인상적입니다. 코플런드는 〈보통 사람을 위한 팡파르〉 선율을 교향곡 3번 4악장의 주제에 등장하는 목관악기에도 사용했습니다.

대중과 작곡가의 관계에 대해 고민한 코플런드는 알아듣기 어려운 현대음악보다는 대중과 함께 즐길 수 있는 '보다 접근 가능한 음악'을 생각했습니다. 더불어 각자 맡은 일을 묵묵히 해내는 평범한 사람들이 나라의 주인이라고 생각했습니다. 그래서 가장 미국적인 느낌을 담은 이 곡을 납세자의 날인 3월 15일에 초연하려 했습니다.

그는 "외국 예술가와 외국 음악 수입에 전적으로 의존해서는 안 된다. 완전한 미국인의 의식을 표현하는 음악 용어를 통해 직접적으로 말할 수 있는 음악을 발달시키기 전에는 미국 음악이 박물관의 예술로 남아 있을 것이다"라고 신념을 밝히기도 했습니다.

21세기는 사회나 국가보다 개인의 존엄을 우선시하는 시대, 즉 평범한 보통 사람의 자유와 행복과 그 역량이 중요한 시대입니다. 이미 80년 전에 미국의 모습을 음악으로 그려낸 코플런드의 안목이 놀랍습니다. 그는 다른 작곡가와 달리 생전에 높은 평가를 받았습니다. 〈애팔래치아의 봄〉, 〈로데오〉, 〈링컨의 초상〉 등 지극히 미국적인 작품을 쓴 그는 영화음악 작곡가 버나드 허먼, 새뮤얼 바버 등의 후배 작곡가와도 교류하며 신진 작곡가들을 지원했습니다. 온화한 외유내강형 음악가였던 그는 '미국 음악의 학장'이라는 별명이 잘 어울리는 미국 음악의 맏형이었습니다.

연주 BBC 오케스트라
지휘 마린 올솝

더 들어보면 좋은 곡    코플런드, 〈극장을 위한 음악〉
피아니스트의 Pick    코플런드, 〈애팔래치아의 봄〉

# 친근한 품격의
# 클래식
# 입문곡

생상스,
〈동물의 사육제〉

프랑스 작곡가 카미유 생상스(1835~1921)는 1886년 교향곡 3번 C단조 〈오르간〉, Op. 78이라는 역작을 발표한 시기를 즈음하여 오스트리아에서 휴가를 보내고 있었습니다. 여기서 그는 친구인 첼리스트 샤를 르부크의 요청으로 흥미로운 작품 하나를 쓰게 됩니다. 14개의 작은 곡으로 구성된 〈동물의 사육제〉라는 실내악 작품입니다.

생상스는 가까운 친구들을 모아 이 유머러스한 작품을 연주하려 했기 때문에 출판을 꺼렸습니다. 평소 진지한 작곡가라고 평가받았기에 새로운 이미지의 작품으로 그간 쌓은 명성에 금이 갈 것이라고 생각했기 때문이지요. 하지만 그의 사후에 이 곡이 출판되자 오히려 더 많은 사람이 그의 품위 있는 음악을 재조명했습니다.

〈동물의 사육제〉는 그동안의 실내악 작품들과는 악기 구성이 다소 다릅니다. 특히 2대의 피아노가 전면에 배치되어 단 한 곡을 빼고는 음악의 진행을 이끌거나 바탕이 됩니다.

서주에 이어 등장하는 〈사자 왕의 행진〉은 당당하고 위엄이 넘치는 동물의 왕 사자를 묘사하는 것 같으면서도 어딘지 모르게 해학적입니다. 두 번째 곡 〈암탉과 수탉〉에서는 피아노와 현악기에 뒤따라 나오는 클라리넷의 우스꽝스러운 선율이 수탉과 암탉의 몸짓을 묘사합니다. 프랑스 작곡가 장필리프 라모(1683~1764)의 〈암탉〉을 연상시키는데, '지극히 프랑스적인 작곡가'로 여겨진 생상스의 면모를 잘 드러냅니다.

또한 생상스는 자크 오펜바흐(1819~1880)의 오페라 〈지옥의 오르페우스〉에 등장하는 경쾌한 캉캉 선율을 느리게 편곡하여 네 번째 곡 〈거북이〉에 차용했고, 베를리오즈의 〈파우스트의 저주〉에서 다섯 번째 곡 〈코끼리〉의 선율을 가져왔습니다. 이를 통해 느림의 상징인 거북이와 코끼리의 움직임을 더 유쾌하게 표현했습니다. 11번째 곡 〈피아니스트〉에서는 두 명의 피아니스트가 유명한 연습곡이자 교재인 하농을 서투르게 연주합니다. 12번째 곡 〈화석〉에서 생상스는 자신의 교향시 〈죽음의 무도〉의 선율과 프랑스 동요 〈아, 어머니께 말씀드리죠〉의 선율을 등장시켰습니다. 〈동물의 사육제〉에서 가장 유명한 곡은 13번째 곡 〈백조〉입니다. 잔잔한 물결 위에 고고하게 움직이는 백조를 그린 이 곡은 서정성 넘치는 첼로 선율 덕분에 많은 사람의 사랑을 받으며 단독으로도 자주 연주됩니다.

연주 아카데미아 필름 앤드 티비 오케스트라

더 들어보면 좋은 곡  세르게이 프로코피예프, 〈피터와 늑대〉, Op. 67
피아니스트의 Pick  벤저민 브리튼, 〈청소년을 위한 관현악 입문〉, Op. 34

# 나의
# 여름
# 이야기

멘델스존,
서곡 〈고요한 바다와 즐거운 항해〉

멘델스존은 바다와 관계된 연주회용 서곡을 두 곡 남겼습니다. 〈핑갈의 동굴〉, Op. 26은 스코틀랜드 지역 헤브리디스 군도를 항해하며 영감을 얻어 작곡했습니다. 그림 재능도 뛰어났던 멘델스존은 스코틀랜드의 풍경을 스케치로 남겼는데, 웅장하면서도 특이한 모양의 동굴과 주변 바닷가를 상세하게 그려낸 후 음악 언어로 묘사했습니다.

　　멘델스존의 또 다른 연주회용 서곡 〈고요한 바다와 즐거운 항해〉, Op. 27을 들으면 바다가 보이는 한 편의 풍경화가 떠오릅니다. 이 곡은 바다 여행을 떠나기 전 읽은 괴테의 시 2편에서 영감을 받아 작곡했습니다. 〈고요한 바다〉는 1787년 괴테가 카프리 연안에서 바람이 불지 않아 배가 나가지 못해서 위험에 빠졌던 경험을, 〈즐거운 항해〉는 다시 바람이 불어 배가 움직이고 드디어 육지가 보였을 때의 안도감을 그려낸 작품으로, 멘델스존은 두 시를 연결하여 음악적 아이디어를 얻었습니다.

　　멘델스존이 〈고요한 바다와 즐거운 항해〉를 작곡한 1828년 당시에는 많은 사람이 괴테의 시를 즐기고 있었기 때문에 청중이 작품을 이해하기가 그리 어렵지 않았습니다. 낭만주의 시대에는 이렇듯 미술, 음악, 문학의 관계가 예전보다 훨씬 밀접했습니다. 많은 곡이 문학작품의 내용을 담았고, 회화의 영향을 받기도 했습니다.

　　〈고요한 바다와 즐거운 항해〉는 두 시의 내용과 같이 두 부분으로 나뉩니다. 첫 번째 시 〈고요한 바다〉에서는 매우 고요하지만 무언가가 곧 터질 것만 같은 저음의 현악 선율 위로 2대의 플루트와 바순이 주저하듯 등장하고, 곧 첼로를 중심으로 불안정한 선율이 이어집니다. 죽음처럼 고요한 바다를 보며 근심 가득한 사공의 심경을 토로하고 있습니다.

곧이어 망설이는 듯한 플루트와 호른이 교차하여 울리는 선율이 다시 부는 바람을 묘사합니다. 이제 모든 악기가 번갈아 등장하여 돛이 풀리고 배가 움직이기 시작하는 모습을 나타내며, 확신에 찬 D장조의 선율이 터지듯 울립니다. 현악기의 유니즌이 반복하는 리드미컬한 악구들은 출항의 즐거움을 노래합니다.

괴테의 시는 "이미 나는 육지를 본다"라는 구절로 끝나지만, 멘델스존은 즐거운 항해를 마친 배가 항구까지 안전하게 들어가는 모습까지 그리며 팡파르 코다 뒤에 고요한 끝맺음을 남깁니다. 공포와 불안의 고요함과는 다른 안정적인 고요함입니다. 무더운 날 미지의 바다로 향하는 멘델스존의 〈고요한 바다와 즐거운 항해〉로 아침을 시작하면 어떨까요. 고요한 안정이 주는 활달함과 평온함을 느낄 수 있으니까요.

연주 런던 심포니 오케스트라
지휘 클라우디오 아바도

더 들어보면 좋은 곡    멘델스존, 서곡 〈핑갈의 동굴〉, Op. 26
피아니스트의 Pick    멘델스존, 〈한여름밤의 꿈〉, Op. 61

# 음악으로
# 그린
# 그림

○───────────────────

드뷔시,
교향시 〈바다〉

우리가 살아가는 데 반드시 필요한 것은 무엇일까요? 많은 사람이 가장 먼저 물을 떠올릴 것입니다. 우리 몸의 70퍼센트 이상을 차지하고 생존에 절대적인 요소인 물은 강, 호수, 바다 등의 자연적 형태로 언제나 함께 존재합니다. 어찌 보면 물은 인류 역사와 함께 시작된 음악과도 같습니다.

　　물에 관한 음악은 헨델의 관현악곡 〈수상음악〉 외에도 상당히 많습니다. 드뷔시의 교향시 〈바다〉도 물에 관한 작품입니다. 모네를 비롯한 인상주의 화가들의 색채에 영향을 받은 드뷔시의 작품들은 묘사적이고 감각적입니다. 낭만주의 음악이 추구한 열정적 표현 대신 암시라는 독특한 방법으로 만든 그의 음악은 불분명하고 모호한 화성과 자유로운 형식, 다양한 색채감 등이 느껴집니다. 그는 "음악은 바람, 하늘, 바다처럼 무한한 것들이 용솟음쳐 나오는 자유로운 예술이다"라고 말했습니다. 그의 말처럼 무한한 존재인 '물'을 가장 집약적으로 그려낸 작품이 교향시 〈바다〉입니다.

　　일본의 화가 가쓰시카 호쿠사이(葛飾北斎)의 〈후카쿠 36경: 가나가와의 거대한 파도〉에서 영감을 받았다는 교향시 〈바다〉는 드뷔시가 그려내고자 했던 움직이고 변화하는 모습이 농축되어 있습니다. 드뷔시가 "상기네르섬의 아름다운 바다, 파도의 유희, 바람이 바다를 춤추게 한다"라고 이야기했듯이 1악장 〈바다의 새벽부터 한낮까지〉의 선율은 출항하는 배의 모습을 연상케 합니다.

　2악장 〈파도의 유희〉는 드뷔시의 기법이 가장 돋보이는 부분입니다. 시시각각 변하는 파도와 물보라를, 화려하고 분주하게 오르내리는 선율로 묘사한 음형은 그의 피아노 작품 〈기쁨의 섬〉에도 나타납니다. 3악장 〈바람과 바다의 대화〉에서는 배가 난파할 듯한 파도가 연상됩니다. 강렬하고 인상 깊은 멜로디들이 밝음과 어두움을 대비시킵니다. 대조적인 두 에너지가 격렬하게 대화하는 것처럼 혼란스럽습니다.

　표면적으로는 바다의 다양한 모습을 그린 이 작품은 실제로는 드뷔시 내면의 거센 파도와 바람을 표현한 듯합니다. 이 작품을 초연한 지 2주 후에 그는 아내가 아닌 여인과의 사이에서 딸을 얻으며 사회적 물의를 빚었습니다. 하지만 자유로운 사랑 속에서 그가 섬세하게 풀어낸 감각적 오케스트레이션은 최고의 작품을 탄생시켰습니다. 혹시 드뷔시는 이 작품을 통해 때로는 조용하고 낭만적이고 때로는 격렬한 바다를 상상하며 자신을 되돌아보지 않았을까요?

연주 　루체른 페스티벌 오케스트라
지휘 　클라우디오 아바도

더 들어보면 좋은 곡
피아니스트의 Pick

드뷔시, 〈판화〉 중 〈비 오는 날의 정원〉
드뷔시, 〈기쁨의 섬〉
드뷔시, 교향시 〈목신의 오후에 관한 전주곡〉

# 조화로운 하루

○───────────

비발디,
〈조화의 영감〉6번

클래식에 익숙하지 않은 사람도 안토니오 비발디(1678~1741)의 〈사계〉는 한번쯤 들어봤을 겁니다. 20세기에는 〈사계〉 중 겨울 1악장이, 21세기에는 가을 3악장이 대중가요에 쓰이기도 했습니다. 이현우의 〈헤어진 다음 날〉, B1A4의 〈잘 자요 굿나잇〉이 그 노래들입니다. 하지만 사실 우리나라에서는 비발디의 다른 작품이 〈사계〉보다 유명하다고 할 수 있습니다.

서울과 인천의 도시철도 지하철 환승 구간을 알리는 음악으로 쓰였고 스즈키 바이올린 교재에도 수록되어 친숙한 협주곡 〈조화의 영감〉, Op. 3입니다. 〈조화의 영감〉은 〈화성의 영감〉이라고도 불립니다. 원제 L'estro armonico의 'armonico'가 '화성'이라는 뜻과 '조화로움'이라는 뜻을 모두 지니기 때문입니다.

비발디는 바흐, 헨델과 더불어 바로크 시대를 대표하는 작곡가입니다. 베네치아 태생으로 '빨간머리 사제'라는 별명이 있는 비발디는 산마르코 성당의 바이올린 연주자였던 아버지에게 바이올린과 작곡을 배웠습니다. 사제 서품을 받고 수도원에서 일하던 그는 건강 문제로 피에타병원 부속학교에서 음악 교사로 일하게 되었습니다.

합창단과 오케스트라까지 갖춘 고등교육기관이었던 피에타병원 부속학교에서 비발디는 바이올린 교사이자 지휘자로 활동하면서 모든 음악 관련 일을 도맡아 했습니다. 학교 측으로부터 오라토리오나 미사곡을 의뢰받아 작곡을 시작했고, 학생들 교육과 공연을 위해 연습곡과 연주회용 작품들을 썼습니다. 특히 협주곡을 많이 작곡했는데, 연주회용 협주곡 중 12곡을 모아 출판한 것이 바로 〈조화의 영감〉입니다.

〈조화의 영감〉에 수록된 협주곡 12곡의 구조는 빠름-느림-빠름의 3악장으로 구성된 바로크 협주곡입니다. 바이올린 독주뿐 아니라 2대 혹은 4대의 바이올린 등이 등장하여 바이올린의 선율이 돋보입니다. 특히 유명한 바이올린을 위한 협주곡 6번은 뛰어난 바이올리니스트였던 비발디의 개성을 잘 드러냅니다. 한 번만 들어도 머릿속에 맴돌 것 같은 1악장의 선율과 2악장의 서정적이고 느리며 매력적인 주제, 3악장의 상큼한 프레스토(아주 빠르게 연주하라는 뜻)와 생동감 넘치는 리듬 등은 연주하기 어렵지 않고 듣는 이도 부담 없는 연주회용 협주곡의 전형입니다.

비발디는 〈조화의 영감〉 외에도 5백여 곡의 협주곡을 작곡하여 후기 바로크 시대의 바흐와 헨델에게도 큰 영향을 미쳤습니다.

연주  크라쿠프 뮤직 아카데미 체임버 오케스트라

더 들어보면 좋은 곡    비발디, 바이올린 협주곡 〈사계〉, Op. 8
피아니스트의 Pick

# 독보적이고
# 세련된
# 정서

라흐마니노프,
피아노 협주곡 2번

세르게이 라흐마니노프(1873~1943)의 피아노 협주곡 2번, Op. 18은 가장 많이 연주되는 피아노 협주곡 중 하나입니다. 이 곡은 아름다운 선율들로 가득 차 있어서 거대한 음악의 파도가 몰아칩니다. 라프마니노프의 격정적 그림이 서정적인 2악장과 압도적인 3악장까지 펼쳐집니다. 영화 속 배경음악으로 사용해도 손색 없을 정도로 서정적이고 격정적일 뿐만 아니라 곳곳에 섬세한 달콤함을 드러내고 있습니다. 낭만성, 매력적인 러시아적 감성, 환희에 찬 피날레 등이 망라되어 있습니다. 특히 2악장은 에릭 카멘의 불후의 명곡 〈올 바이 마이셀프All by myself〉에 사용되기도 했습니다.

라흐마니노프는 17세 때 피아노 협주곡을 작곡하고 음악가의 길을 걷기 시작했는데, 첫 번째 교향곡의 초연이 실패하고 혹평을 들으면서 우울증을 앓았습니다. 다행히 모스크바 사설 단체의 오페라에서 지휘하며 음악 활동을 계속했는데, 런던의 음악협회에서 그에게 관현악곡과 피아노 작품을 소개해달라고 제의했습니다. 첫 번째 협주곡보다 새로운 작품을 선보이고 싶었던 그는 다시 작곡을 하기로 결심했습니다.

이렇게 탄생한 피아노 협주곡 2번은 정교한 피아니즘과 오케스트레이션이 돋보이는 역작입니다. 1악장의 꾸준하면서 절도 있는 진행, 2악장의 꿈처럼 달콤한 선율, 3악장 끝에서 고조되는 주요 선율 등이 조화를 이룬 피아노 협주곡 2번은 지속적인 인기를 누리며 가장 사랑받는 작품으로 남게 됩니다. '크렘린의 종'이라고도 불리는 1악장의 도입부부터 3악장의 휘몰아침까지 특유의 피아니즘을 빠짐없이 담고 있기 때문일 것입니다. 반음계와 빠른 셋잇단음표로 고조된 분위기 끝에 나오는 환상곡풍의 카덴차 역시 인상적입니다. 인간의 복잡미묘한 감정을 모두 드러내는 것 같습니다. 특히 러시아 춤곡풍 주제로 시작하여 쉴 새 없이 질주하는 3악장이 감동적입니다. 물론 연주하는 피아니스트는 자신의 모든 역량을 쏟아내야 합니다.

라흐마니노프는 자신이 훌륭한 피아니스트였기에 더욱 독보적이고 세련된 정서를 담을 수 있었습니다. 그가 이 협주곡을 발표한 지 1백 년이 훨씬 지났지만 그 인기를 대체할 곡은 앞으로도 나타나지 않을 것 같습니다.

연주　베를린 필하모닉 오케스트라
지휘　헤르베르트 폰 카라얀
피아노　알렉시스 바이젠베르크

더 들어보면 좋은 곡
피아니스트의 Pick
라흐마니노프, 피아노 협주곡 3번 D단조, Op. 30

# 과거의
힘

고전주의 음악은 하이든, 모차르트 그리고 베토벤이 활동한 18세기의 음악을 뜻합니다. 하지만 20세기 작곡가들이 생각하는 고전주의는 조금 달랐습니다. 후기 바로크 혹은 그 이전 시대 작곡가인 클라우디오 몬테베르디와 조반니 팔레스트리나 등에게서 음악적 동질감을 느끼는 사람들도 있었습니다. 그래서 20세기에는 고전주의에 관한 새로운 개념이 생겼습니다. 바로 '신고전주의'입니다.

신고전주의 음악가들은 몇 가지 특징이 있습니다. 첫째, 교향곡, 협주곡, 소나타 등의 절대적 형식 또는 토카타, 푸가, 파사칼리아, 샤콘느, 합주협주곡 같은 옛날 형식을 선호했습니다. 둘째, 온음계에 바탕한 화성을 중시했기 때문에 변화음 사용을 절제하여 피아노의 흰 건반으로만 된 음악을 등장시키기도 했습니다. 셋째, 성악곡보다는 기악곡을 선호했습니다. 마지막으로, 두터운 화성적 구조 대신 가벼운 선율적 짜임새를 추구했습니다. 그래서 불필요한 비화성음이나 비합리적인 불협화음을 배제한 균형과 비율, 질서와 원칙 등 고전주의적 가치에 무게를 둔 음악을 많이 작곡했습니다.

이고르 스트라빈스키(1882~1971)는 1919년 발레 기획자 세르게이 디아길레프에게 18세기 이탈리아 작곡가 조반니 바티스타 페르골레지의 음악에 기초한 발레곡을 위촉받았습니다. 훗날 그가 "〈풀치넬라〉는 나의 후기 작품들을 가능케 할 만큼 큰 깨달음을 준 작품이다"

라고 회상할 정도로 이 곡은 의미가 컸습니다. 이 작품을 통해 그는 '과거 음악을 발견'하여 18세기 고전주의의 구조적 원칙을 자신의 작품에서 재구성했습니다. 즉, 무조건 과거로 돌아가는 것이 아니라 전통적 작곡 원칙을 현대 어법에 맞도록 재창조하고, 자신의 음악적 미학을 과거의 아름다움에 담았습니다.

풀치넬라는 이탈리아 르네상스 시대의 즉흥적 가면 희극 〈코메디아 델라르테〉의 주인공 이름입니다. 발레 〈풀치넬라〉는 동네 처녀들의 사랑을 독차지하는 풀치넬라가 그를 질투하는 동네 청년들의 오해와 속임수로 일어난 사건으로 인해 여자 친구 핌피넬라와 겪는 우여곡절을 그리며, 마지막에는 그녀와 결혼하여 행복하게 산다는 내용으로 끝맺습니다.

스트라빈스키가 발레곡의 일부를 발췌한 연주회용 기악곡 〈풀치넬라 모음곡〉은 악기 편성이 악장마다 달라서 특유의 유쾌함을 느낄 수 있습니다. 20세기의 작품 〈풀치넬라 모음곡〉을 들으며 18세기의 어느 궁정 음악회로 떠나보는 것은 어떨까요?

연주  프랑크푸르트 라디오 심포니
지휘  프랑수아 를뢰

더 들어보면 좋은 곡     스트라빈스키, 〈관악기를 위한 교향곡〉
피아니스트의 Pick     스트라빈스키, 〈병사의 이야기〉
　　　　　　　　　스트라빈스키, 〈이탈리아 모음곡〉

# 러시아
## 그
## 자체

차이콥스키,
바이올린 협주곡

러시아 국민들에게 음악가 한 사람의 이름을 꼽으라고 하면 모두 주저 없이 표트르 일리치 차이콥스키를 떠올릴 겁니다. 특히 피아노 협주곡, 바이올린 협주곡, 그리고 첼로와 오케스트라를 위한 〈로코코 주제에 의한 변주곡〉, 서곡 〈1812〉, 교향곡 5번 등으로 꾸려지는 갈라 콘서트가 압권이죠. 차이콥스키는 대중성과 예술성을 모두 갖춘 무게감 있는 대곡으로 사랑받는 소수의 작곡가 중 한 사람입니다.

1878년 차이콥스키는 스위스, 독일 등을 여행하고 돌아오자마자 바이올린을 위한 작품을 구상합니다. 스위스에 머무를 때 절친 바이올리니스트 요제프 요아힘의 제자 이오시프 코테크와 함께 연주하면서 더 좋은 곡을 쓰겠다고 생각했기 때문이죠. 후원자인 나데츠다 폰 메크 부인에게 "이 협주곡은 왠지 작곡하는 내내 정말 즐거웠습니다"라고 편지를 쓰기도 했을 만큼 차이콥스키는 이 곡에 큰 애정을 쏟았습니다.

그렇게 힘을 쏟으며 작곡했지만 막상 연주할 사람이 없었습니다. 아직 프로 연주자로서의 경험이 많지 않았던 코테크는 연주 능력이 되지 않았기 때문에 고사했습니다. 상트페테르부르크에서 가장 유명했던 바이올리니스트 레오폴트 아우어도 연주를 꺼렸습니다. 그는 연습을 하다가 "작곡가가 바이올린을 잘 이해하지 못한다"라면서 연주를 포기했습니다.

결국 3년이나 지난 뒤 라이프치히음악원 교수였던 아돌프 브로드스키(1851~1929)가 빈 필하모닉 오케스트라와 바이올린 협주곡, Op. 35를 협연했습니다. 당시 유명 음악 비평가였던 에두아르트 한슬리크는 이 작품은 "바이올린을 연주하는 게 아니라 때려 부수는 소리"라고 혹평했습니다. 하지만 이듬해 런던에서 열린 공연은 초연과 달리 대성공이었습니다. 이후 이 곡은 베토벤, 멘델스존, 브람스의 협주곡과 함께 최고의 바이올린 협주곡이라는 찬사를 받고 있습니다. 차이콥스키의 음악은 일단 혹평받아야 나중에 유명해지는 것일까요? 몇 해 전 발표했던 피아노 협주곡 1번도 니콜라이 루빈슈타인의 혹평을 받았고, 한스 폰 뷜로에게 극찬을 받은 후에야 보스턴 교향악단과 뷜로의 협연으로 대성공을 거두었습니다.

3악장으로 이루어진 바이올린 협주곡의 앞부분에서는 명상적인 서주 뒤에 매력적인 첫 주제가 등장합니다. 폭발적이고 화려한 오케스트라와 독주자가 힘을 겨루는 1악장과 차이콥스키의 감수성이 잘 담겨 있는 2악장, 그리고 러시아 민속 춤곡 스타일의 3악장까지 서정성과 격동성, 탄식과 환희 사이를 교차하는 듯 생생한 러시아 음악의 진수를 느낄 수 있습니다.

연주 시카고 심포니 오케스트라
지휘 월터 헨들
바이올린 나단 밀슈타인

더 들어보면 좋은 곡
피아니스트의 Pick

차이콥스키, 피아노 협주곡 1번 B♭ 장조, Op. 23
차이콥스키, 첼로와 오케스트라를 위한 〈로코코 주제에 의한 변주곡〉, Op. 33

# 브람스를
## 좋아하세요?

성격이 신중했던 브람스는 첫 번째 교향곡을 완성하고 발표하기까지 무려 15년 가까운 시간을 보냈습니다. 엄청난 정성을 들이며 완벽한 작품을 만들고자 했던 그는 세 번째 교향곡은 의외로 짧은 시간에 완성했습니다. 1883년 여름 그는 빈을 떠나 비스바덴이라는 작은 도시에서 휴식을 취했습니다. 조용하고 작은 이 휴양도시는 작곡에 몰두하기 좋았습니다.

브람스가 이때 완성한 교향곡 3번 F장조, Op. 90은 그의 교향곡 중 가장 규모가 작고 길이도 짧습니다. 다른 작품과 달리 간결하고 군더더기가 없어서 오히려 밀도가 높습니다. 이 곡의 3악장은 교향곡 1번의 4악장과 더불어 브람스의 교향곡 가운데 가장 유명한데, 특히 영화 〈브람스를 좋아하세요…〉(1961)에 삽입되면서 더욱 유명해졌습니다. 영화는 프랑수아즈 사강(1935~2004)의 동명 소설에서 모티프를 얻었는데, 음악대학 학생들의 이야기를 그린 우리나라의 텔레비전 드라마도 이 제목을 빌려 왔습니다.

대부분의 교향곡 3악장이 빠른 스케르초인 데 반해 교향곡 3번의 3악장은 애수에 차고 느린 왈츠풍이기 때문에 더 매력적입니다. 교향곡 3번은 다른 교향곡보다 자주 연주되지는 않지만 3악장의 유명세 탓에 단일 악장만 보면 다른 곡들보다 인기가 높습니다. 한때 KBS 클래식 FM의 선곡 리스트 중 '한국인이 좋아하는 클래식'의 상위에 오를 정도였거든요.

　이 곡에서는 50대에 접어든 브람스의 연륜을 느낄 수 있습니다. 여전히 독신이었지만 젊을 때에 비해 음악가로 널리 알려졌고 경제적 안정도 누리고 있었습니다. 이전에는 없었던 여유로움이 묻어나는 이 교향곡은 초연도 성공을 거뒀습니다. 당시 지휘자 한스 리히터는 이 곡을 "브람스의 영웅 교향곡"이라고 극찬했습니다. 용기를 얻은 브람스는 이듬해 이 곡을 베를린에서 직접 지휘했습니다.

　저는 사강이 '브람스를 좋아하세요…'라는 소설 제목에 물음표 대신 말줄임표를 쓴 이유는 브람스의 내성적이고 수줍은 성격 때문이 아닐까 상상해보곤 합니다. 소설의 주인공 로제 역시 새로이 찾아온 불같은 사랑에 머뭇거립니다. 스승 슈만의 부인 클라라에 대한 연정을 끝내 혼자만의 감정으로 간직했고, 휴양지에서 만난 어린 여가수에게 매력을 느꼈지만 그 마음도 곧 접은 브람스의 심정과 비슷하죠. 언제나 머뭇거리며 고독하지만 자유로운 남자 브람스의 교향곡. 이 곡은 외로움이 찾아오는 이른 가을에 듣기 적합하지 않을까요?

연주 프랑크푸르트 라디오 심포니
지휘 안드레스 오로스코에스트라다

더 들어보면 좋은 곡　　브람스, 교향곡 1번 C단조, Op. 68
피아니스트의 Pick　　브람스, 교향곡 4번 E단조, Op. 98

# 나를 찾아 떠난 여행

리스트,
〈순례의 해〉

40년 가까이 한 작품을 마음에 두었던 작곡가를 아시나요? 헝가리 출신 작곡가 프란츠 리스트가 바로 그렇습니다. 뛰어난 기교를 자랑하는 피아니스트이자 사교계 스타였던 그가 작곡에 그렇게 오랜 시간을 투자했다는 사실이 놀랍기만 합니다.

〈순례의 해〉 곡집은 리스트가 1830년부터 1877년에 이르는 세월 동안 쓴 작품집입니다. 모두 3권 26곡이고, 총연주 시간은 2시간 반가량입니다. 수록된 곡의 수만큼 스타일도 다양합니다. 1권은 〈첫 번째 해, 스위스〉, 2권은 〈두 번째 해, 이탈리아〉, 3권은 〈세 번째 해〉입니다. 3권에는 나라 이름이 없지만 대부분 이탈리아 여행의 연장선 상에 있습니다.

스위스와 이탈리아 '순례'는 리스트가 연인 마리 다구 백작 부인과 떠난 일종의 '밀월여행', 즉 사랑의 도피 행각이었습니다. 리스트는 사람들의 눈을 피해 스위스와 이탈리아를 여행하며 보고 듣고 경험한 것과 인상을 작품에 녹여냈습니다.

이 곡집은 리스트의 다른 작품보다 차분하고 서정적인 곡이 많습니다. 격정적인 낭만성보다는 잔잔하고 평온한 분위기가 돋보이는 음악이 대부분입니다. 비록 부적절한 관계였지만 마리 다구와의 사이에서 세 아이도 낳았으니, 당시가 그에게 가장 행복했던 시절 아니었을까요? 특히 1권에는 '물'과 관련된 작품이 세 곡이나 됩니다. 〈발렌

슈타트의 호숫가에서〉, 〈샘가에서〉, 〈폭풍우〉를 통해 연인과의 여행에서 느낀 감정을 문학작품을 인용하여 표현했습니다.

성숙한 음악성과 구조적 아름다움이 가득한 이 곡집의 아이러니한 점은 '순례'라는 단어가 들어간 제목입니다. 불륜 상대와 함께 떠난 여행에 '순례'라는 성스러운 단어로 큰 의미를 부여하는 것은 일반적이지 않으니까요. 특히 〈빌헬름 성당〉, 〈제네바의 종〉, 〈앙겔루스! 수호 천사에게의 기도〉 등의 제목이 더욱 그렇습니다.

유난히 종교적인 제목을 붙인 이유 중 하나는 아마도 그가 여행을 떠나기 직전 프랑스의 한 수도원에서 교류한 신부를 찾아 상담했기 때문일 겁니다. 실제로 노년에 하급 사제 과정을 마칠 정도로 그에게는 종교적 심성이 있었습니다. 잘생긴 외모와 출중한 피아노 실력으로 사교계를 주름잡던 그의 이중성이 엿보입니다.

〈순례의 해〉는 결국 화려한 생활과 종교적 금욕주의에 대한 갈망이라는 이중성이 만들어낸, 리스트 자신을 찾아가는 여행기 아닐까요? 그렇게 리스트는 30년이 훌쩍 넘는 시간 동안 자신을 차분히 돌아본 것 같습니다.

피아노  엔리코 페이스

더 들어보면 좋은 곡  리스트, 〈베네치아와 나폴리〉
피아니스트의 Pick

# 숨
# 막히는
# 긴장감

라벨,
〈볼레로〉

영화 〈밀정〉(2015)은 시종일관 긴장감이 가득합니다. 의열단원과 일본 경찰 간부로 만나 서로를 믿고 속이고 의심하지만, 같은 민족으로서 해방을 위해 독립운동을 이어온 사람들의 이야기입니다. 영화 속 극도의 긴박한 상황에서 한 음악이 고요하게 시작됩니다. 바로 모리스 라벨(1875~1937)의 관현악곡 〈볼레로〉입니다. 이정출 역을 맡은 송강호 배우가 친일파들의 파티가 열리는 건물을 폭파하기 위해 잠입하는 장면입니다.

생상스, 드뷔시와 함께 프랑스 음악을 대표하는 라벨은 1927년 무용가 이다 루빈스타인에게 발레 음악 편곡을 의뢰받습니다. 라벨은 편곡 대신 새로운 곡을 쓰기로 하고 안달루시아 지방의 민속무용 '판당고'에 기반한 선율을 떠올립니다. 그리고 이 선율을 계속 반복하는 작품을 써야겠다고 결심합니다. 〈볼레로〉는 이렇게 탄생했습니다.

'볼레로'는 원래 18세기에 유행한 스페인 춤곡입니다. 스페인 국경과 가까운 프랑스 시부르 지역에서 태어난 라벨의 작품은 전통적 프랑스 양식보다 이국적인 느낌이 훨씬 강합니다. 〈볼레로〉도 그렇습니다. 총 340마디나 되는 이 곡의 주제는 매우 단순하고 짧습니다. 같은 멜로디를 여러 악기가 번갈아가며 연주합니다. 처음에는 먼 곳에서 들려오는 북소리와 함께 플루트의 작고 가녀린 음이 시작되고 곧 클라리넷, 바순, 오보에 등의 순서로 소리가 커집니다. 점점 트럼펫, 색소폰 등의 악기가 추가되어 음량이 확대됩니다. 하지만 템포는 변하지 않습니다.

멜로디를 연주하는 악기가 변하면서 전체적 긴장감을 더하는 동안 작은북은 시종일관 같은 리듬을 169번이나 반복합니다. 클라이맥스로 향하면서 크레센도(점점 세게 연주하라는 뜻)가 계속되고 몰입감이 더해집니다. 단순한 주제는 폭발적인 결말에 이르기까지 긴장감을 지속합니다.

제2차 세계대전부터 1960년대까지 이어진 프랑스, 소련, 미국, 독일의 네 예술인 가족의 대서사를 그린 영화 〈사랑과 슬픔의 볼레로〉(1981)의 첫 장면과 마지막 장면에는 파리 에펠탑 아래에서 〈볼레로〉에 맞춰 춤추는 남자 무용수가 등장합니다. 아름다운 무용수의 손이 등장하는 첫 장면은 관객이 약 15분 동안 음악과 춤에 몰입하게 만듭니다.

라벨은 〈볼레로〉에 대해 이렇게 말했습니다. "내가 쓴 단 하나의 걸작은 〈볼레로〉다. 하지만 이 곡에는 음악이 존재하지 않는다." 이 작품에는 음악을 뛰어넘어 모두를 집중하게 하는 마법 같은 힘이 있다는 사실을 강조한 말입니다.

연주 베를린 필하모닉 오케스트라
지휘 구스타보 두다멜

더 들어보면 좋은 곡    라벨, 〈죽은 왕녀를 위한 파반느〉
피아니스트의 Pick

# 커피
# 한잔
# 어때요?

바흐,
〈커피 칸타타〉

18세기 독일의 카페는 지식인들이 커피를 마시며 사교 활동을 하고 열띠게 토론하는 곳이었습니다. 독일 고전음악의 역사를 대표하는 세 음악가 3B(바흐, 베토벤, 브람스) 역시 커피 마니아였습니다.

베토벤은 "60알의 원두는 나에게 60가지 음악의 영감을 준다"라며 매일 아침 원두 개수를 세면서 커피를 내렸습니다. 브람스도 "아무도 내가 내린 진한 커피의 향을 따라잡을 수 없다"라며 매일 손수 내린 모닝 커피와 함께 하루를 시작했습니다.

늘 커피를 마시며 작곡한 바흐는 아예 커피에 관한 작품을 썼습니다. 바로 〈커피 칸타타〉, BWV 211입니다. 〈사냥 칸타타〉와 함께 가장 잘 알려진 바흐의 세속 칸타타죠. 바흐 덕분일까요? 우리나라의 유명 커피 음료 브랜드에도 그 이름이 붙어 있습니다.

이탈리아어로 '노래하다cantare'에서 유래한 '칸타타'는 바로크 시대 성악곡의 한 유형입니다. 소규모 오케스트라와 함께 노래하며 긴 이야기를 여러 악장으로 진행합니다. 노래는 솔리스트가 부르는 아리아와 레치타티보(노래하듯이 말하는 부분), 중창, 합창 등으로 구성되죠.

칸타타는 예배용으로 만들어진 교회 칸타타와 귀족들의 축하 파티를 위해 작곡된 세속 칸타타로 나눌 수 있습니다. 교회 칸타타는 경건한 분위기에 따라 간결하고 내면적인 합창이 강조되었고, 세속 칸타타는 극적인 분위기를 연출하기 위해 아리아와 레치타티보가 교대로 나오며 기교가 돋보이는 독창 중심의 곡이 많았습니다. 바흐는 2백 곡이 넘는 교회 칸타타와 20곡의 세속 칸타타를 남겼습니다.

〈커피 칸타타〉는 테너가 "조용, 조용하세요! 이제 잡담을 그치고!"라는 레치타티보로 관객을 집중시키면서 시작됩니다. 두 주인공인 아버지와 딸은 커피 때문에 다툽니다. 아버지는 딸에게 커피를 끊으라고 하고, 딸은 아버지에게 "하루에 3잔의 커피를 마시지 않으면 견딜 수 없어서 말라 죽을 거예요!"라고 소리치며 커피가 얼마나 대단한지 말합니다. "커피는 너무 달콤해요! 천 번의 키스보다 사랑스럽고, 포도주보다 훨씬 부드러워요!" 아버지는 커피를 빌미로 딸의 약혼을 방해하고, 딸은 아버지에게 거짓으로 '다시는 커피를 마시지 않겠다'고 약속한 뒤 혼인 계약서를 새로 쓰고 아버지와 화해하면서 곡이 끝맺습니다.

〈커피 칸타타〉는 누구보다 커피를 사랑했던 바흐가 커피의 맛과 향을 주제로 익살스러운 내용을 담은 작품입니다. 바흐가 살았던 시대에 텔레비전이 있었다면, 당연히 커피를 권하는 광고음악이 되지 않았을까요?

연주 바흐 솔리스텐 서울

더 들어보면 좋은 곡
피아니스트의 Pick

바흐, 〈사냥 칸타타〉, BWV 208 중 〈양들은 한가로이 풀을 뜯고〉

# 매우
# 느리게,
# 서정적으로

말러,
교향곡 5번

구스타프 말러(1860~1911)의 작품 중 가장 유명하고 대중적으로 널리 알려진 곡은 교향곡 5번 C#단조입니다. 강렬한 4악장 '아다지에토' 덕분이죠. 말러의 작품들은 바그너 못지않게 길고 지루하지만, 아이러니하게 가장 인기 있는 아다지에토 악장은 비교적 짧습니다.

말러가 이 곡을 쓴 1901년은 그에게 가장 찬란한 시기였습니다. 지휘자로 명성을 쌓았고 작곡가로서 입지도 굳혔을 뿐만 아니라, 뮤즈라고 할 수 있는 알마 쉰들러(1879~1965)를 만나 가장 행복한 시간을 보냈습니다. 완벽한 구조의 4악장 교향곡을 쓰고 싶었던 말러는 연인 알마와 잠시 떨어져 작곡에 몰두했습니다. 그는 4악장의 교향곡에 짧지만 서정적인 아다지에토 악장을 덧붙여 5개 악장의 교향곡을 구상합니다. 그리고 아무런 설명 없이 아다지에토의 악보를 알마에게 보냅니다. 무언의 러브레터임을 알아차린 알마는 말러에게 돌아오라는 답장을 보냈습니다.

낭만적이면서도 어딘가 처연한 분위기의 아다지에토는 '현악기와 하프를 위한 협주곡'이라고 불릴 만큼 매우 섬세하고 특이한 정서를 담고 있습니다. 악보에 '매우 느리게', '흐르듯이', '서둘러서' 등의 지시어가 적혀 있듯이 출렁이는 파도와 같은 느낌입니다. 알마에 대한 격정적인 사랑뿐 아니라 쓸쓸하고 복잡한 정서도 함께 드러나 있습니다.

말러가 가장 행복했던 시기의 작품이지만 1악장은 비극적인 장송행진곡풍입니다. 비극으로 시작해 환희로 끝나는 전통적 독일 교향곡 구성이지만, 말러는 곳곳에 가곡 선율을 숨겨 메시지를 전달하고자 했습니다. 특히 4악장 아다지에토의 마지막 부분에는 프리드리히 뤼케르트의 시에 의한 가곡 〈나는 세상에서 잊히고〉의 선율이 숨어 있습니다. 말러는 자신의 사랑과 인생의 모든 고통, 환희를 담으려 한 것일까요?

루키노 비스콘티 감독의 영화 〈베니스에서의 죽음〉(1971)에 삽입되어 많은 이를 열광시킨 이 곡은 반세기가 지나 박찬욱 감독의 영화 〈헤어질 결심〉(2022)에 등장해 다시 한번 심금을 울립니다.

말러의 생애와 〈헤어질 결심〉의 스토리는 어딘가 닮아 있습니다. 말러와 알마의 열정적인 사랑이 아다지에토만큼이나 짧았던 것처럼 〈헤어질 결심〉 주인공들의 사랑의 순간도 오래가지 못합니다. '헤어질 결심'이 진심 어린 결심을 뜻하는 것이 아니듯, 이성을 이기는 감성, 신기루 같은 운명에 매료되는 이루어질 수 없는 사랑에 대한 미련과 안타까움 등의 역설적 감정을 아다지에토는 잘 나타내고 있습니다.

---

| 연주 | 베를린 필하모닉 오케스트라 |
| 지휘 | 레너드 번스타인 |

더 들어보면 좋은 곡
피아니스트의 Pick

말러, 교향곡 2번 C단조, 〈부활〉
말러, 교향곡·가곡집 〈대지의 노래〉 A단조

# 달빛 같은 열정

'베토벤의 피아노 작품 중 가장 유명한 곡은?'이라는 질문에는 〈엘리제를 위하여〉와 〈월광 소나타〉 2개의 답이 순위를 다툴 것입니다. 시인이자 출판업자였던 루트비히 렐슈타프가 피아노 소나타 14번 Op. 27-1의 1악장을 듣고 "스위스 루체른 호수의 달빛 아래 물결에 흔들리는 작은 배가 떠오른다"라고 말한 데서 〈월광〉이라는 제목이 유래한 것은 잘 알려진 사실입니다.

베토벤은 제자였던 이탈리아 출신의 귀족 줄리에타 귀차르디에게 〈월광〉을 헌정했습니다. 열심히 피아노 레슨을 해주다 사랑에 빠진 베토벤은 그녀와의 결혼을 꿈꿨습니다. 하지만 그녀는 1803년 갈렌베르크 공작과 결혼하면서 그를 떠납니다. 신분과 환경이 다르고 결정적으로 청각에 이상이 생긴 그에게는 허락되지 않은 사랑이었습니다. 영화 〈불멸의 연인〉(1991)에서는 귀가 잘 안 들리는 베토벤이 피아노에 귀를 대고 연주하는 장면이 나옵니다. 이때 흐르는 곡이 바로 〈월광〉입니다. 물론 이 장면은 허구일 가능성이 높지만 베토벤의 절망적인 상황을 설득력 있게 보여줍니다.

1악장은 셋잇단음표가 시종일관 펼쳐지고, 물에 비친 달빛처럼 아련한 선율이 가득합니다. 베를리오즈는 "언어로는 표현할 수 없는 한 편의 시" 같다고 비유했습니다. 꿈꾸는 듯한 1악장에 이어지는 2악장은 3박자의 춤곡입니다. 리스트는 2악장을 "2개의 심연 사이에

핀 꽃"이라고 평했습니다. 2악장에 이어지는 3악장은 〈월광〉의 중심입니다. 베토벤의 극대화된 표현력이 피아노의 음역과 강약의 한계를 뛰어넘듯 격렬하게 질주합니다. 열정적인 스타카토와 연타음의 반복, 아르페지오와 날카로운 스포르찬도(특정 음에 갑자기 액센트를 붙여 연주하라는 뜻)가 폭발하는 감정들을 표현합니다. 베토벤은 3악장을 두고 "피아노 줄을 모두 끊어버릴 듯한 악장이다"라고 말했습니다. 줄리에타를 향한 뜨거운 사랑의 표현입니다. 이 폭발적인 분위기는 피아노 소나타 〈발트슈타인〉과 〈열정〉의 마지막 악장에도 등장합니다.

원래 〈월광〉에는 '환상곡풍의 소나타'라는 부제가 붙어 있었습니다. 기본적으로 소나타 형식을 따르지만 자유로운 환상곡 양식을 사용하며, 베토벤 스스로 기존 소나타에서 탈피하여 환상적이고 낭만적인 작품을 쓰고자 했음을 알 수 있습니다. 그는 32곡의 피아노 소나타를 작곡했는데, 후기로 갈수록 고전적인 양식 위에 낭만주의적 아이디어가 돋보입니다. 이루지 못한 사랑을 그린 〈월광〉의 풍부한 서정성은 그의 후기 소나타에 큰 영향을 미쳤고, '낭만주의'로 들어가는 것을 예견한 신호였습니다.

피아노 발렌티나 리시차

더 들어보면 좋은 곡
피아니스트의 Pick

베토벤, 피아노 소나타 21번 〈발트슈타인〉, Op. 53
베토벤, 피아노 소나타 23번 〈열정〉, Op. 57

# 가을에 떠난 겨울 여행

슈베르트,
가곡집 〈겨울 나그네〉

겨울에 들으면 좋은 클래식 작품으로 프란츠 슈베르트의 가곡집 〈겨울 나그네〉, D. 911을 빼놓을 수 없습니다. 31살의 젊은 나이에 병마와 싸우다 외롭게 세상을 떠난 슈베르트는 죽기 1년 전에 죽음을 예견하듯 독일 시인 빌헬름 뮐러(1801-1858)의 시에 곡을 붙여 〈겨울 나그네〉라는 연가곡집을 쓰기 시작합니다.

슈베르트는 요즘 표현에 따르면 '아싸(아웃사이더)'였습니다. 아버지가 교장으로 재직했던 초등학교에서 교사로 1년간 일한 것을 빼면 정기적인 수입을 위해 일해본 적이 없었습니다. 합창단이나 오케스트라에서 일하는 것도 내키지 않았고, 타고난 수줍은 성격 탓인지 개인 레슨으로 제자를 키우는 것도 싫어했습니다. 오로지 방에 틀어박혀 작곡에만 몰두했는데, 어쩌다 좋은 제의를 받아 작품 의뢰가 들어오면 돈의 지배를 받는 것 같아서 부끄러워했습니다.

사회적 성공에 관심이 없어 소극적으로 살았던 슈베르트는 다행히 소수의 친구들과는 좋은 관계를 유지했습니다. 그의 재능을 아까워한 친구들의 모임 슈베르티아데가 그의 작품을 연주하는 무대를 만들어주었습니다. 그는 친구들과 음악에서 삶의 의미를 찾아갔습니다.

친구들의 큰 도움으로 음악 활동을 이어가던 슈베르트는 고치기 어려운 병에 걸립니다. 항생제가 없었던 시절의 매독은 죽음과 직결되는 병이었죠. 결국 슈베르트는 다시는 건강해질 수 없다고 생각하며 곡을 써 내려갑니다. 실연의 상처를 입은 젊은이가 차가운 겨울 추억 여행을 떠나는 이야기였습니다. 여행의 종착역은 죽음이었습니다. 죽음을 목전에 둔 슈베르트의 감정의 흐름을 살펴보면 심신이 약해진 젊은 음악가의 삶에 대한 깊은 고뇌도 느껴집니다. 〈겨울 나그네〉의 24곡에서 절망에 빠진 청년은 때로는 천진했던 시절을 그리워하고, 공허하게 외로움을 호소하며 죽음을 예감합니다. 우리에게 유명한 〈보리수〉에는 '돌아와 안식을 찾으라'는 말을 뒤로하고 떠나는 청년 슈베르트의 모습이 담겨 있습니다. 다음 곡 〈홍수〉에서는 하염없이 흐느껴 웁니다.

'겨울 여행(겨울 나그네)'을 시작하지 못하고 가을(11월 19일)에 떠난 슈베르트. 31년간의 짧은 생애 동안 1천여 곡을 만들 정도로 다작한 그가 21세기에 태어났다면 다르게 살았을까요? 매주 아름다운 곡을 발표하고 유튜브로 팬들과 소통하며 여느 인플루언서 못지않은 인기를 누렸을지도 모릅니다.

바리톤 디트리히 피셔디스카우
피아노 알프레트 브렌델

더 들어보면 좋은 곡
피아니스트의 Pick

슈베르트, 가곡집 〈아름다운 물방앗간의 아가씨〉, D. 795
슈베르트, 가곡집 〈백조의 노래〉, D. 957

# 남겨진 자를
# 위한
# 위로

브람스,
〈독일 레퀴엠〉

레퀴엠은 죽은 자를 위해 미사에서 연주되는 교회용 음악입니다. 우리말로는 죽은 사람의 넋을 달래기 위한 '진혼곡'입니다. 하지만 브람스는 〈독일 레퀴엠〉, Op. 45를 미사가 아니라 연주를 염두에 두고 만들었습니다. 신중한 브람스가 이 곡을 완성하는 데는 거의 10년이 걸렸고, 어머니의 죽음이 완성에 상당한 영향을 미쳤습니다.

브람스의 어린 시절은 무능력한 부모와 함께한 고통의 시간이었습니다. 경제력 없는 아버지와 몸이 불편한 어머니 사이에서 가장 역할을 해야 했습니다. 그는 술집을 떠돌아다니며 연주하여 생계를 꾸리기도 했습니다. 거기다 부모님은 사이가 좋지 않았습니다. 브람스의 음악에 숨어 있는 우울함과 고독 등은 유년 시절 형성된 내면의 아픔 때문인지도 모릅니다. 그는 32살 때 어머니를 떠나보냈습니다. 어머니의 장례를 마치고 돌아온 그는 그동안 미뤄둔 〈독일 레퀴엠〉을 완성하기로 결심합니다.

소프라노와 바리톤 독창, 혼성 4부 합창과 관현악으로 구성된 〈독일 레퀴엠〉은 가사를 음미하며 들을 때 더욱 감동적입니다. 원래 여섯 곡이었지만 초연 이후 한 곡이 더해져 모두 일곱 곡이 되었습니다. 새로 작곡한 다섯 번째 곡은 소프라노의 아름다운 독창이 등장합니다. 구약 〈이사야서〉 66장 13절의 내용 "어미가 자식을 위로함같이 내가 너희를 위로할 것이니"라는 합창 부분의 가사로 미루어볼 때 이 곡은 브람스가 세상을 떠난 어머니를 생각하며 썼다는 이야기가 설득력 있습니다. 브람스의 절친이었던 바이올리니스트 요아힘은 "지극한 효성으로 이토록 아름답게 승화시킨 고상한 작품은 지금까지 없었다"라고 말했습니다.

〈독일 레퀴엠〉의 '독일'은 말 그대로 독일어 레퀴엠이라는 뜻입니다. 원래 전통적 가톨릭교회의 레퀴엠은 라틴어 전례문 가사를 그대로 쓰지만, 브람스는 마르틴 루터(1483~1564)가 번역한 독일어 성서에서 가사를 선정했습니다. 그래서 이 레퀴엠은 '죽은 자를 위해 부르는 노래'인 동시에 이별의 슬픔으로 고통받는 '남겨진 자들을 위로하는 노래'입니다.

첫 곡의 가사는 신약 〈마태복음〉 5장 4절의 내용입니다. "애통하는 자는 복이 있나니 우리가 위로받을 것이다."

떠나간 자를 보내며 기도하고, 남겨진 자들을 위해 위로하는 〈독일 레퀴엠〉의 시작 부분에는 평론가 한슬리크가 말한 브람스 음악의 핵심인 '내면으로의 침잠'이 잘 나타나 있습니다. 애이불비(哀而不悲). 겉으로 슬픔을 드러내지 않는 깊은 내면, 그의 고독하지만 자유로운 모습을 느껴봅니다.

---

| 노래 | 베를린 필하모닉 오케스트라 |
| 지휘 | 헤르베르트 폰 카라얀 |

더 들어보면 좋은 곡
피아니스트의 Pick    브람스, 가곡집 〈4개의 엄숙한 노래〉, Op. 121

# 가구 같은 음악

사티,
〈3개의 짐노페디〉

프랑스 작곡가 에릭 사티(1866~1925)의 대표 작품 〈3개의 짐노페디〉를 들으면 특별한 이유 없이 묘한 이끌림이 느껴집니다. 사티가 1888년에 작곡한 이 곡은 귀스타브 플로베르의 소설 《살람보》와 파트리스 콩테미뉘의 시 〈고대인〉에서 영감을 받았습니다. 〈짐노페디〉는 고대 그리스와 스파르타에서 아폴론 신을 찬미한 축제 혹은 그 축제에 참여한 남성의 춤을 뜻합니다.

가장 널리 알려진 짐노페디 1번의 첫 4마디는 두 번째 박자를 강조한 왼손 반주 패턴으로 시작됩니다. 시종일관 반복되는 G음과 D음 베이스는 일반적인 화성적 기능이 없어 특별한 진행감을 느끼기 어렵습니다. 나른하게 시작되는 오른손 선율은 그야말로 '시크chic'합니다. 전체적으로 음악적 긴장감과 화성감이 없는 이 곡은 정적입니다. 감정 변화와 고조감을 느끼기 어렵고 초연함마저 느껴집니다. 짐노페디 2번과 3번 역시 1번과 유사합니다.

사티는 스케일이 방대하고 과장된 바그너 등의 음악에 반기를 든 프랑스 인상주의의 모호하고 암시적인 분위기와 복잡한 화성, 제목이 시적인 음악에도 비판적이었습니다. 그가 추구한 음악은 풍자적이고 해학적이면서도 단순 명료했습니다. 즉, 그의 음악은 낭만주의의 과도한 열정과 인상주의의 극도의 섬세함 모두의 대척점에 있었죠.

'있는 듯 없는 듯'해서 기승전결을 알기 힘든 〈짐노페디〉의 가장 큰 매력은 바로 '무심함'일 것입니다. 사티가 작곡한 곡들은 너무 간결하고 단순해서 당시에는 상상하기 힘든 비난을 받았습니다. 하지만 자신의 음악처럼 심성이 소박했던 사티는 성공이나 실패에 큰 의미를 두지 않고 나름대로의 정교한 음악적 내용을 고수했습니다. 최대한 감정을 배제하고 객관적이고 절제된 음악을 추구했고, 삶에서도 그런 면모를 드러냈습니다. 유품으로 12벌의 양복과 가방 하나에 모두 담을 수 있는 짐을 남길 정도였으니까요.

　사티의 작품들은 오히려 21세기에 더 각광받고 있습니다. 혹자는 이 음악을 있는 듯 없는 듯 배경으로 존재하는 '가구 음악furniture music'이라고 부르고, 20세기 음악계의 화두였던 미니멀리즘의 시초라고 이야기하기도 하죠. 뉴에이지New Age 음악을 예견했다고도 합니다. 가을에는 대화와 침묵 사이의 어딘가에 있는 것만 같은 사티의 음악을 들으며 따뜻한 위로를 받아보는 것이 어떨까요.

피아노 ｜ 다니엘 바르사노

더 들어보면 좋은 곡
피아니스트의 Pick

사티, 〈6개의 그노시엔느〉
사티, 〈당신을 원해요〉

# 음악으로 쓴 시

쇼팽,
4개의 발라드

'발라드'는 대중음악에서 느리고 잔잔한 곡을 지칭합니다. 템포가 빠른 '댄스 음악'과 대치되는 개념이라고 할 수 있죠. 발라드라는 말은 언제부터 쓰였을까요? 시작은 12세기로 거슬러 올라갑니다. 프랑스 남부의 여러 지방을 떠돌아다니던 음유시인들의 노래에서 발라드의 기원을 찾을 수 있습니다. 1절, 2절 등의 유절 형식에 후렴구가 있어서 오늘날 우리에게 익숙한 노래들과 비슷합니다. 이 노래들은 교회나 궁중에서 불리지 않은 세속음악이었습니다. 즉, 모두가 즐길 수 있는 그 시대 민중의 노래로 전설, 신화, 민담 그리고 사랑 이야기 등이 주요 내용이었습니다.

프랑스 남부에서 생긴 '이야기를 담은 노래' 발라드는 영국, 이탈리아, 독일 등으로 퍼졌고 19세기에는 악기로만 연주하는 '기악 발라드'가 등장했습니다. 대표적인 작곡가가 바로 쇼팽입니다. 피아노의 시인답게 그는 4개의 발라드를 썼는데, 모두 폴란드의 민족 시인 아담 미츠키에비치(1798~1855)의 시에서 영감을 받았습니다. 각각 〈콘라드 발렌로트〉, 〈윌리스의 호수〉, 〈물의 요정〉, 〈버드리의 세 형제〉라는 시입니다.

1번 G단조, Op. 23은 4개의 발라드 중 많은 사람의 사랑을 받는 곡으로, 특별히 슈만의 극찬을 받았습니다. 그는 쇼팽에게 "나는 이 곡을 가장 좋아합니다"라고 말했습니다. 첫 8마디가 특히 인상적인 발라드 1번은 영화 〈피아니스트〉에도 등장합니다. 주인공인 유대인 피아니스트가 독일군 장교 앞에서 이 음악을 연주합니다. 낡은 피아노에서 힘겹게 시작해 흐느끼듯 펼쳐지는 선율은 영화의 하이라이트를 더욱 극적으로 표현해줍니다.

2번 F장조, Op. 38의 첫 번째 주제는 고요한 호수 같습니다. 잔잔하게 펼쳐진 호수에 장대비가 쏟아지듯 갑자기 매우 빠른 두 번째 주제가 등장합니다. 여름날의 소나기 같은 발라드 2번은 대조적인 2개의 주제를 반복하다가 격렬한 폭풍우를 몰아치며 애수를 띠고 마무리됩니다.

3번 A♭장조, Op. 46은 사랑스럽고 편안합니다. 천진난만하고 장난기 많은 귀여운 소녀 혹은 요정이 날아다니는 것 같은 선율로 가득 차 있습니다. 네 곡 중 가장 가볍고 평온한 분위기의 발라드 3번은 구조적으로는 가장 세련되었다고 평가됩니다.

4번 F단조, Op. 52는 1번 못지않게 인기가 높고 쇼팽의 원숙미가 돋보이는 곡입니다. 많은 연주자가 '쇼팽 최고의 작품'이라고 말할 정도여서 연주하기 쉽지 않습니다. 서정적 도입부와 슬픔에 젖은 중간 부분, 풍부한 화성으로 가득 찬 부분을 거쳐 화려한 테크닉을 자랑하는 환상곡풍의 종지부로 마무리됩니다.

---

피아노 블라디미르 아시케나지

---

더 들어보면 좋은 곡
피아니스트의 Pick

쇼팽, 4개의 스케르초

# 꽃피운
# 예술
# 혼

베토벤,
〈코랄 판타지(합창 환상곡)〉

"우리 생(生)의 조화로운 선율은 다정하게, 사랑스럽게, 속삭이듯 울리고, 영원히 피어나는 봄꽃은 미감으로부터 싹튼다…. 행복한 사람을 다스리는 것은 외부의 고요와 내부의 기쁨. 그러나 봄날의 태양과도 같은 예술은 고요와 기쁨이 발하는 빛으로 더욱 찬란하리라."

베토벤이 작사한 〈코랄 판타지〉 가사의 일부분입니다. 교향곡 〈합창〉에서 인류의 평등과 박애, 자유를 표출한 그는 1808년 작곡한 〈코랄 판타지〉에서 예술과 삶에 대한 찬미를 표현했습니다. 이 곡의 공식 명칭은 〈피아노와 합창과 오케스트라를 위한 환상곡〉입니다. 마지막 교향곡 〈합창〉의 스핀오프spin-off 같습니다.

〈코랄 판타지〉는 도입부부터 피아노의 화려한 독주가 길게 이어집니다. 카덴차풍의 악구가 가득한 이 부분은 전반적으로 교향곡 〈운명〉을 회상하는 것 같습니다. 즉흥적이면서도 불타오르는 것 같은 피아노는 즉흥연주에 강하고 탁월한 피아니스트였던 베토벤 자신의 모습입니다. 즉흥연주는 연주자의 음악적·테크닉적 능력을 감각적으로 표현하는 방법인데, 베토벤은 자신만의 즉흥연주 기법을 〈코랄 판타지〉 악보에 상세하게 기록했습니다. 당시 음악회에서 그의 〈코랄 판타지〉 즉흥연주를 듣고 "이렇게 탁월한 음악을 한 번밖에 듣지 못하는 것이 아쉽다"라고 말한 사람에게 베토벤은 "나는 나의 즉흥적 연주를 완벽하게 재현할 수 있소"라고 말하며 다시 한번 그대로 연주했고, 후에 악보에 정확히 표기했습니다. 〈코랄 판타지〉에서 피아노를 통해 예술적 효과를 극대화하고 싶었기 때문이었습니다.

구성을 보면 오케스트라가 등장하는 부분부터 피날레라는 이름으로 오케스트라와 피아노의 대화가 계속됩니다. 호른과 뒤따르는 오보에의 메아리 같은 선율 뒤에 연주되는 16마디의 피아노 주제가 핵심입니다. 교향곡 〈합창〉을 연상케 하는 C장조의 아름다운 선율은 이후 등장하는 합창의 가사 "행복한 사람을 다스리는 것은 외부의 고요와 내부의 기쁨. 그러나 봄날의 태양과도 같은 예술은 고요와 기쁨이 발하는 빛으로 더욱 찬란하리라"를 이끌어줍니다. 오케스트라와 합창, 그리고 피아노가 함께하는 하나의 큰 우주는 음악사를 통틀어 가장 위대한 음악인 베토벤 예술혼의 총체입니다.

1808년 12월 22일, 안 데르 빈 극장의 음악회에서 〈코랄 판타지〉를 초연한 베토벤은 피아노 연주를 맡았습니다. 초연에서 예술혼을 불태웠을 악성 베토벤의 모습을 떠올리면서 빛나는 선율과 함께하는 것은 어떨까요?

| 연주 | 사이토 키넨 오케스트라 |
| 지휘 | 오자와 세이지 |
| 피아노 | 마르타 아르헤리치 |

더 들어보면 좋은 곡 피아니스트의 Pick　　**베토벤, 교향곡 9번 D단조 〈합창〉, Op. 125**

# 아메리카의
# 체코인

드보르자크,
교향곡 〈신세계로부터〉

안토닌 드보르자크(1841~1904)는 스메타나와 함께 체코의 민족주의 음악을 대표하는 음악가입니다. 그가 남긴 음악 중 가장 유명한 곡은 〈신세계로부터〉라는 부제로 유명한 교향곡 9번 E단조, Op. 95입니다. '신세계'는 미국을 뜻합니다.

1892년 가을 드보르자크는 미국 뉴욕의 내셔널음악원 원장 자리를 제안받았습니다. 당시 미국 음악계는 미지의 땅이자 미완의 세계였습니다. 동시에 무한한 가능성을 지닌 '신세계'였기 때문에 드보르자크는 프라하를 떠나기로 결심했습니다. 결과적으로 음악 활동의 새로운 출발점을 연 그는 그해 미국 내셔널음악원 원장으로 취임하며 '신대륙에서의 새로운 삶'을 시작했습니다. 미국에서 열린 그의 첫 음악회는 콜럼버스의 신대륙 발견 4백 주년을 기념하는 음악회였습니다.

1893년 드보르자크가 작곡한 교향곡 9번 〈신세계로부터〉는 그에게 대중적 명성을 가져다주었습니다. 19세기에 작곡된 교향곡 중 초연 이후 오케스트라의 고정 레퍼토리에서 빠진 적이 없을 정도입니다. 또한 고전음악 전체를 통틀어 베토벤의 교향곡 〈합창〉과 함께 가장 많이 연주되고 있습니다. 미국적이면서도 보헤미안적인 교향곡 9번 〈신세계로부터〉에는 드보르자크의 개인적 감성, 자신에게 새로운 음악의 길을 열어준 미국에 대한 답례, 고국에 대한 향수가 담겨 있습니다. 드보르자크는 이 곡을 성공시킨 이후 현악 4중주 〈아메리카〉, 첼로 협주곡 등의 명작을 탄생시켰습니다.

교향곡 9번 〈신세계로부터〉 1악장의 느린 서주는 멀리서 동이 트는 새벽의 풍경을 그립니다. 호른이 연주하는 힘찬 주제는 5음 음계로 이루어져 있는데, 북아메리카 원주민의 음계를 나타내며 민속적 정취를 풍깁니다. 애수 어린 선율의 두 번째 주제도 아름답습니다.

2악장에서 잉글리시호른이 연주하는 선율은 누구나 아는 서정적인 노래, 〈꿈속의 고향Going Home〉입니다. 드보르자크의 제자 암스피셔(1861~1938)가 훗날 이 선율을 기반으로 만든 노래죠. 우리나라 영화 〈암살〉(2015)에도 등장합니다. 김구 선생과 김원봉 선생이 독립을 위해 목숨을 바친 독립운동가들을 위해 술을 바치는 장면에서 조용히 흘러나옵니다. 활기차고 짧은 3악장에 이어지는 4악장은 매우 뜨거운 열정을 담고 있습니다. 누구에게나 익숙한 박력 있는 첫 번째 주제와 애틋한 두 번째 주제가 반복되고 마지막에 2악장의 〈꿈속의 고향〉 선율이 어우러지며 여운을 남깁니다.

연주 국립 심포니 오케스트라
지휘 크리스토퍼 앨런

더 들어보면 좋은 곡
피아니스트의 Pick

드보르자크, 첼로 협주곡, Op. 104
드보르자크, 현악 4중주 12번 〈아메리카〉, Op. 96
드보르자크, 〈유모레스크〉, Op. 101

# 최고의
# 가성비

헨델,
오라토리오 〈메시아〉

독일에서 태어난 게오르크 프리드리히 헨델(1683~1759)은 독일과 이탈리아에서 활동하다가 더 넓은 세계에서 자신의 음악을 펼치기 위해 런던으로 떠납니다. 오페라의 불모지였지만 화려한 공연을 볼 재력이 있는 귀족이 많았던 런던은 기회의 땅이었습니다. 헨델은 오페라 〈리날도〉를 공연하면서 화려하게 데뷔했습니다. 〈울게 하소서〉로 유명한 바로 그 오페라입니다. 때맞춰 앤 여왕의 생일이 다가왔고, 헨델은 〈리날도〉의 대본을 여왕에게 생일 선물로 헌정했습니다. 덕분에 그는 여왕의 극장의 상주 작곡가로 임명받습니다.

연이은 공연 성공과 '왕립음악아카데미' 운영으로 런던은 오페라 흥행의 도시가 됩니다. 하지만 종합예술인 오페라는 무대나 의상에 들어가는 비용이 만만치 않았기 때문에 헨델은 고민에 빠졌습니다. 결국 그는 극음악 오라토리오로 눈길을 돌립니다. 오라토리오는 성서의 내용에 기반한 여러 합창과 독창으로 구성됩니다. 종교적 내용을 다루지만 교회 연주가 아니라 공연을 위해 만들어진 장르입니다.

오라토리오는 세트나 화려한 무대 의상이 필요 없고, 독창이 등장하지만 주된 선율은 대부분 합창단이 맡기 때문에 오페라처럼 유명하고 몸값 비싼 독창자가 필요하지 않았습니다. 헨델의 오라토리오는 주로 삼손과 데릴라 이야기, 골리앗을 무너뜨린 다윗 등 구약성경의 내용을 다뤘기 때문에 소재가 다채로웠고 청중은 그 내용에 빠져들어 열광했습니다.

헨델은 극적인 내용보다는 아예 음악을 중심으로 승부하는 경제적 오라토리오를 만들기로 결심합니다. 그리스도의 탄생에 대한 예언부터 삶과 업적, 그리고 죽음과 부활에 이르는 하나의 역사를 담은 최고작 〈메시아〉, HWV 56은 그렇게 만들어졌습니다. 장엄하면서도 서정적이고 웅장한 56개의 곡을 모두 연주하려면 3시간 정도가 필요합니다. 1743년 런던에서 〈메시아〉가 처음 연주되었을 때, 조지 2세가 감격한 나머지 벌떡 일어났고 모든 청중이 국왕을 따라 기립했다는 이야기가 전해질 정도로 이 음악은 크게 성공했습니다.

유럽에서 〈메시아〉는 기독교의 고난주간과 부활절을 기념하여 자주 연주됩니다. 우리나라에서는 크리스마스 시즌에 인기가 많죠. 특히 2부에 나오는 〈할렐루야〉는 강한 호소력을 발휘합니다.

헨델은 24일 만에 작곡한 〈메시아〉의 성공으로 영웅 대접을 받았고, 후에 영국 왕족이나 고위 공무원만 묻힐 수 있는 웨스트민스터 사원에 안치되는 영광을 얻었습니다. 그에게 엄청난 행운을 가져다준 〈메시아〉는 최고의 가성비까지 자랑할 수 있는 바로크 합창 음악의 최고 작품입니다.

연주 아메리칸 바흐 솔로이스츠

더 들어보면 좋은 곡
피아니스트의 Pick

헨델, 오페라 〈리날도〉, HWV 7 중 〈울게 하소서〉
헨델, 관현악곡 〈수상음악〉, HWV 348~350

# 집으로

바흐의 〈골드베르크 변주곡〉, BWV 988은 그가 건반악기를 위해 작곡한 작품 중 가장 깁니다. 그의 모든 작곡법이 망라되어 큰 의미가 있습니다.

'주제와 변주곡' 형식의 〈골드베르크 변주곡〉은 당시 건반악기 음악으로는 참신한 구조였습니다. 주제와 30개의 변주곡, 그리고 다시 주제로 돌아가는 이 곡은 30개의 변주가 단순히 임의로 나열된 것이 아니라 논리적으로 치밀하게 구성되었습니다. 가장 큰 구조적 특징은 첫 번째 주제가 맨 마지막에 등장하는 수미쌍관을 이룬다는 것입니다. 1725년 바흐가 작곡한 〈안나 막달레나 바흐를 위한 클라비어 소곡집〉 2권에서 빌려 온 4분의 3박자의 느린 아리아 주제는 스페인의 춤곡인 사라방드풍입니다.

이 작품에 '골드베르크'라는 이름이 붙은 데는 에피소드가 있다고 합니다. 바흐가 드레스덴을 여행할 때 카이저링크 백작을 방문한 적이 있었는데, 불면증으로 고생하고 있던 백작은 잠자리에서 들을 수 있는 긴 작품을 만들어달라고 부탁합니다. 바흐는 백작의 요청대로 긴 변주곡을 작곡했고, 카이저링크 백작은 전속 하프시코드 연주자 골드베르크에게 이 곡을 자주 연주하게 하여 불면증을 가라앉혔습니다. 그러니까 이 작품을 연주한 연주자 이름을 제목으로 가져온 것이죠.

일종의 '수면제'로 작곡되었다는 다소 엉뚱한 에피소드와 달리 이 작품은 무척 중요한 의의가 있습니다. 균형 잡힌 두 부분으로 이루어진 사라방드풍 아리아 주제는 왼손의 선율을 중심으로 변주되어 발전합니다. 이어지는 변주곡들은 세 곡 단위로 묶여 있고, 각 묶음의 첫 곡은 카논(돌림노래의 일종) 형식인데, 각각의 카논은 1도(한 음정)씩 증가하며 규칙적으로 배열되어 있습니다. 카논이 아닌 변주는 인벤션, 푸게타, 프랑스 서곡 등으로 형식이 다양합니다. 바흐는 간결하고 단순해 보이는 아리아 주제를 다채롭게 변형하고 확장하며 음악적 아름다움과 함께 정교한 논리성을 담았습니다.

또한 마지막 변주에는 당시 유행하던 민요의 멜로디를 인용하였는데, 그 노래의 가사는 "나는 오랫동안 그대에게서 멀어져 있었네. 돌아와주시오. 나에게 다시 돌아와주오"입니다. 마지막 변주가 끝나고 처음과 같은 아리아의 주제가 반복되는 것, 마치 집으로 돌아가는 것을 암시하는 듯하죠? 여기서 음악과 인생에 대한 바흐의 진정성을 느낄 수 있습니다. 음악가로서의 삶 외에도 한 생활인이자 가장으로서, 그리고 신앙인으로서 훌륭한 삶을 보여준 그의 모든 것이 들어 있는 듯합니다.

피아노 글렌 굴드

더 들어보면 좋은 곡    바흐, 〈음악의 헌정〉, BWV 1079
피아니스트의 Pick

"클래식 음악 좋아하고 싶어요."
"어떻게 하면 클래식 음악을 잘 들을 수 있을까요?"

제가 강의하면서 가장 많이 들은 질문입니다. 클래식 음악에 관심 있지만 어렵다는 편견 때문에 쉽게 다가가지 못하는 이가 많습니다. 클래식 음악 역시 "아는 만큼 보인다", "아는 만큼 들린다"라는 진리가 적용됩니다. 어쩌면 듣는 이의 '지적(知的) 작업'이 필요한 다소 불친절한 음악일 수도 있습니다. 그 어려운 작업을 혼자서 시작하기는 결코 쉽지 않습니다.

그래서 저는 강의실에서 학생들에게 이렇게 말합니다. 학기 말이 되었을 때 좋아하는 작곡가 한두 사람의 생애를 이야기할 수 있고, 그들의 작품 중 몇 곡을 기억하며 선율을 흥얼거릴 수 있으면 여러분은 이미 '지적인 감상자'라고 말입니다.

여러분이 클래식 음악의 지적인 감상자가 될 수 있도록,《클래식 음악 수업》에는 강의실에서 풀어내지 못한 이야기들을 최대한 재미있고 친절하게 담았습니다. 모차르트의 천재성, 베토벤의 지성, 브람스의 지고지순함, 쇼팽의 서정성, 드뷔시의 신박함…. 르네상스 시대부터 21세기의 작품까지 꼭 들어봐야 할 명곡만을 선별하여 다채롭게 구성했습니다.

　　클래식 음악의 한 모퉁이에서 서성거리는 모든 이에게 《클래식 음악 수업》이 반가운 편지, 아니 기분 좋은 메시지 같은 청량함을 선사하면 좋겠습니다. 클래식 음악을 감상하는 데는 절대적인 기준이 없습니다. 그러니 이 책과 함께 자신만의 방법으로, 자신만의 철학으로 음악을 듣는 날이 오기를 바랍니다.

　　더 많은 사람이 클래식을
　　비바체처럼 생기 있게,
　　알레그로처럼 신나게,
　　아다지오처럼 편안하게 즐기시기를….

# 클래식 음악 수업

**초판 1쇄 인쇄** | 2023년 11월 29일
**초판 1쇄 발행** | 2023년 12월 8일

**지은이** 김준희
**발행인** 박효상
**편집장** 김현
**기획·편집** 장경희
**디자인** 임정현

**편집·진행** 김효정
**교정·교열** 강진홍
**표지·본문 디자인** 정정은
**마케팅** 이태호, 이전희
**관리** 김태옥

**종이** 월드페이퍼 | **인쇄·제본** 예림인쇄·바인딩 | **출판등록** 제10-1835호
**펴낸 곳** 사람in | **주소** 04034 서울특별시 마포구 양화로 11길 14-10(서교동) 3F
**전화** 02)338-3555(代) | **팩스** 02)338-3545 | **E-mail** saramin@netsgo.com
**Website** www.saramin.com

ISBN 979-11-7101-045-5 04000
      979-11-7101-044-8 (세트)

**우아한 지적만보, 기민한 실사구시 사람in**